I0412456

Que Debemos Esperar De La Vida

Que Debemos Esperar De La Vida

Luis Alcalde--Linares

Copyright © 2013 por Luis Alcalde--Linares.

Número de Control de la Biblioteca del Congreso de EE. UU.:   2013908035
ISBN: Tapa Dura   978-1-4633-4773-4
                         Tapa Blanda   978-1-4633-4772-7
                         Libro Electrónico   978-1-4633-4774-1

Todos los derechos reservados. Ninguna parte de este libro puede ser reproducida o transmitida de cualquier forma o por cualquier medio, electrónico o mecánico, incluyendo fotocopia, grabación, o por cualquier sistema de almacenamiento y recuperación, sin permiso escrito del propietario del copyright.

Las opiniones expresadas en este trabajo son exclusivas del autor y no reflejan necesariamente las opiniones del editor. La editorial se exime de cualquier responsabilidad derivada de las mismas.

Este libro fue impreso en los Estados Unidos de América.

Fecha de revisión: 07/05/2013

Para realizar pedidos de este libro, contacte con:
Palibrio
1663 Liberty Drive
Suite 200
Bloomington, IN 47403
Gratis desde España al 900.866.949
Gratis desde EE. UU. al 877.407.5847
Gratis desde México al 01.800.288.2243
Desde otro país al +1.812.671.9757
Fax: 01.812.355.1576
ventas@palibrio.com
449042

ÍNDICE

QUE DEBO ESPERAR DE LA VIDA?

QUE DEBE ESPERAR DE LA VIDA, ES LA PREGUNTA DEL MILLON QUE SE HAN HECHO A LO LARGO DE LA HITORIA MUCHOS ESCRITORES FILOSOFOS, Y DEMAS

PERO OBVIAMENTE SIN ENCOTRAR RESPUESTA,

YA QUE PARA ENCONTRAR LA RESPUESTA, HAY QUE SER CONCIENTES DE COMO FORMULAMOS LA PREGUNTA

SOLO SE, QUE NO SE NADA

PERO BUENO NOS HA TOCADO DEAMBULAR, POR EL CIRCUITO DE LA VIDA, SIN SABER MUCHAS COSAS ACERCA DE ELLA

TAL VEZ PORQUE SI SUPIERAMOS MUCHAS COSAS, O ALGUNAS COSAS LA SITUACION, NO SERIA LA MISMA.

BUENO ENTONCES QUE NOS QUEDA, PUES SENCILLAMENTE, ADAPTARSE, AL CICLO DE LA VIDA, Y SEGUIR SOÑANDO QUE SOÑAMOS.

BUENO YO PERSONALMENTE Y DENTRO DE MI MODESTA OPINIOPN PIENSO QUE LA VIDA ES SUEÑO, Y CUANDO

DESPERTAMOS, ES CUANDO SOÑAMOS O DORMIMOS, O SUPUESTAMENTE MORIMOS.

SI LA VIDA ES SUEÑO, O ILUSION O DESEO, ENTONCES DONDE ESTAMOS, QUIENES SOMOS¿

PUES MIREN CON LA VIDA, SIENDO, SUEÑO, PUEDE TENER SU ATRACTIVO, YA QUE TENEMOS EL DESEO LA ILUSION, LA PERCEPCION DE LAS COSAS, O QUIOZAS TAMBIEN ES SUEÑO, PUES LA VERDAD ME GUSTARIA DARLES UNA RESPUESTA PERO NO LA TENGO.

SEA CUAL SEA LA RESPUESTA, YO CREO QUE VALE LA PENA VIVIR, LA VIDA, PORE SO TANTA Y TANTA GENTE HA EXPERIMENTADO LA SENSACION DE VIVIR

TAMBIEN PIENSO, Y TODO ESTO QUE LES ESTOY NARRANDO, HACE TIEMPO QUE TUVE LA SENSACION, Y CUANDO SE TIENE UN A SENSACION ES POR ALGO

TUVE LA SENSACION, COMO LES DECIA, DE QUE LA VIDA ES UN GRAN LABORATORIO ESPERIMENTAL, TODO ESTO, QUE LE ESTOY NARRANDO SE LO CONTE, A BERTHA, MI COMPAÑERA DE FATIGAS, HACE MUCHO TIEMPO, EN PUERTO VALLARTA, CUANDO TENIAMOS LA TIENDA ESOTERICA.AQUELLOS TIEMPOS FELICES QUE NO OLVIDARE, VIVA PUERTO VALLARTA, LA PERLA DEL PACIFICO.

PERO BUENO SEÑORES SIENTO MUCHO NO HABER PODIDO DAR RESPUESTAS A SUS DUDAS, PERO QUIZAS ALGUN DIA TENGAMOS LA OPORTUNIDAD DE CONOCER ALGO MAS DE LO AVIDENTE.

A DONDE VAMOS

A DONDE VA EL SER HUMANO, FORMA PARTE DE LA TRAMA, DE LA HISTORIA QUE LES ESTOY NARRANDO,: QUE DEBEMOS ESPERAR DE LA VIDA.

PUES LA VERDAD SE SABE MUY POCO ACERCA DE DONDE, VAMOS Y QUIENES SOMOS.

PERO VAMOS A TRATAR DE AVERIGUAR ALGO:

PARA SABER A DONDE VAMOS TENEMOS QUE AVERIGUAR DE DONDE VENIMOS

PERO LO POCO, QUE SABEMOS, ES QUE VENIMOS DE LA ENERGIA.

SI VENIMOS DE LA ENERGIA ES QUE CON SEGURIDAD QUE VAMOS HACIA LA ENERGIA, YA NUESTRA MATERIA, COMO SERES HUMANOS NO CUENTA.

PERO BUENO CREO QUE DEBEMOS TENER UNA EXPLICACION, AL MENOS LAS PERSONAS MAS INFORMADAS, DE ESTE PLANETA LA DEBEN DE TENER.

HOY EN DIA SE JUEGA MUCHO CON LAS ENERGIAS, SEAN RENOVABLES O NO, EL CASO ES QUE TIENEN UNA GRAN PRESENCIA EN NUESTRAS VIDAS.

PUES A DONDE VAMOS NO ES EL FINAL DE LA TRAMA, YA QUE SUPOUESTAMENTE, A DONDE VAMOS SIGNIFICA EL FINAL DE NUESTRO CUERPO.

PERO QUE PASA CON EL ALMA, QUE ES LA REALMENTE LA CAUSANTE, DE LA ACTIVIDAD DEL SER HUNMANO.

EL ALMA NUNCA MUERE, YA QUE QUE ES, ENERGIA, Y LA ENERGIA PURA, COMO ES EL ALMA, SOLO SE TRANSFORMA.

ENTONCES ESTAMOS COMPROMETIDOS CON NUESTRA ALMA, YA QUE ES LA BASE DE NUESTRA EXISTENCIA, DONDE VAYA, EL ALMA VAMOS NOSOTROS.

PERO EN REALIDAD NO SABEMOS DONDE VA NUESTRA ALMA SOLO SABEMOS QUE VA UN MAS ALLA, QUE DESCONOCEMOS.

LO QUE SI PODEMOS ASEVERAR ES QUE: NUESTRA ALMA CORRESPONDE CON UNA CONCIENCIA, QUE ES, LA QUE DETERMINA QUE ES, LO QUE DEBEMOS HACER Y COMO, QUE ES LO QUE ESTA BIEN Y NO LO ESTA, ES LO QUE SE LLAMA: LA ETICA DE LA RAZON QUE TANTO PRESUMIERON LOS CLASICOS GRIEGOS, CON LA MORALIDAD.

PERO BUENO, EN EL PLANETA TIERRA, HAY TANTAS CONCIENCIAS COMO SERES HUMANOS, Y ENTONCES PORQUE LA GENTE ES TAN DISTINTA, Y TAN DIFERENTE.

YO QUIERO PENSAR QUE PARA DAR DIVERSIDAD A LA VIDA, QUE ES, LA ESENCIA DE LA VIDA ES LA RIQUEZA, ES EL

CONTRASTE, ES LA CONFRONTACION, YA QUE A TERAVES DEL CONTRASTE SE ENRIQUECE, EL AMBIENTE, ES DECIR QUE EL AMBIENTE SE CALDEA.

YA QUE NO SERIA POSIBLE UN PLANETA TIERRA CON MILLONES DE SERES HUMANOS, CON EL MISMO CRITERIO, CON LA MISMA ACTITUD, CON EL MISMO PENSAMIENTO, LA VIDA SE APAGARIA YA QUE NO EXISTIRIA LA VIDA MISMA.

POR ESO SE PENSO EN UN PRINCIPIO EN EL DOLOR EN EL SUFRIMIENTO EN LA ANGUSTIA, PARA QUE EL SER HUMANO TIVIESE QUE MEDITAR, ACERCA DE SU VIDA Y DE SU ENTORNO, ACERCA DE SU BIENESTAR QUE ES REALMENTE UNA UTOPIA.

PARA FINALIZAR DIRE QUE NO SE PREOCUPEN, SOLO PREOCUPENSE DE VIVIR, PERO VIVIR BIEN, EN ARMONIA, CON SENTIMIENTO, DANDO LO MEJOR QUE SE TIENE, PARA QUE EL DIA DE MAÑANA, NO TENGAN QUE ARREPÈNTIRSE DE NADA.

COMPORTAMIENTO DEL ALMA

SIGUIENDO CON LA TRAMA DEL LIBRO, QUE DEBEMOS ESPERAR DE LA VIDA, HAY UN CAPITULO VERY IMPORTAND, QUE ES: EL COMPORTAMIENTO DEL ALMA:

PARA MI EL ALMA ES LA VERDADERA ESENCIA DE LA VIDA, ES LO QUE REGULA TODO, ES EL PUNTO DE PARTIDA DE TODO, ES LA ENERGIA UNIVERSAL, ES EL SEÑOR DIOS, DE TODOS LOS UNIVERSOS, ES LO QUE A LA RAZA HUMANA LO HA DENOMINADO COMO DIOS

SI COMO DECIA UN FAMOSO POETA Y FILOSOFO DE LA ANTIGUA GRECIA, NADIE QUIERE O DESEA EL MAL, ENTONCES PORQUE HACEMOS COSAS O LAS PENSAMOS QUE NOS PRODUCEN UNA SENSACION DE MALESTAR.

SI EN REALIDAD NACEMOS CON EL ALMA LIMPIA, LUEGO A LO LARGO DE LA VIDA QUE ES LO QUE LA HACE CAMBIAR, PORQUE MODIFICAMOS LAS COSAS, Y LAS HACEMOS COMO CREEMOS QUE DEBEN SER, QUE NO LO SON.

SI DECIMOS QUE ALMA ES ENERGIA, .DIREMOS QUE TODO EN EL ESPACIO INFINITO, ES ENERGIA UNIVESAL, QUE TODO LO MODIFICA Y LO TRANFORMA

EN EL PRINCIPIO DE LOS TIEMPOS ANTES DEL BIG BEN, DE LA GRAN ESPLOSION QUE HUBO EN EL ESPACIO INFINITO, TODO ABSOLUTAMENTE TODO, ERA ENERGIA.

ES DECIR QUE LA ENERGIA NO ESTABA MATERIALIZADA, NI TRASFORMADA, ES DECIR QUE NO TENIA NI FORMA NI COLOR.

ES DECIR QUE PARA TRANSFORMAR LA ENRGIA Y MATERIALIZARLA, HUBO QUE VER DISTINTAS MANERAS DE CONSEGUIR, UNA MATERIA QUE CONDUJESE Y MATERIALIZASE ESA ENERGIA.

Y DESPUES DE MUCHOS EXPERIMENTOS SE DIO CON LA FORMULA DEL CUERPO HUMANO, QUE EN DEFINITIVA DESPUES DE MILLONES DE AÑOS DE EVOLUCION, ES LO QUE HOY ENTENDEMOS COMO EL HOMBRE Y LA MUJER.

TAMBIEN SE PENSO, EN LA PROCREACION, DE LA ESPECIE, ASI COMO LA FAUNA, LA FLORA, Y PECES MARINOS, Y TODOS LOS SERES QUE HABITAN O HABITARON EL PLANETA TIERRA.

SE PENSO EN UN PRINCIPIO DEL UNIVERSO, QUE EL UNIVERSO TENIA QUE SER INFINITO Y DIVERSO, PÀRA QUE NUNCA SE PUDIESE HALLAR LA VERDADERA ESENCIA.

TAMBIEN SE PENSO QUE EL PLANETA TIERRA, TUVIESE TAMBIEN DIVERSIDAD:

DIVERSIDAD EN EL MAR Y LA ESPECIE MARINA

DIVERSIDAD EN LOS CONTINENTES, HACIENDO A CADA CONTINENTE CON UNA CARACTERISTICA, EN PARTICULAR

HACIENDO LA DIVERSIDAD DEL LENGUAJE COMO LA CARACTERISTICA PROPIA DEL SER HUMANO.

TAMBIEN SE PENSO EN DIVESIFICAR AL SER HUMANO CON PROFESIONES, CATEGORIAS, FORMAS DE CONDUCIRSE, FORMAS DE PENSAR, Y HASTA FORMA DE SENTIR.

PERO BUENO SI SE HIZO TODO ESTO FUE POR UNA RAZON EN PARTICULAR ES QUE LA ENERGIA, CONDUCTOTRA DE LA MATERIA, ESTARIA VISIBLE Y DISPONIBLE EN CUALQUIER ETAPA DE LA HISTORIA Y DE LA VIDA,

POR ESO CUANDO ABANDONAMOS NUESTRO CUERPOO, NO ES MAS QUE UN FORMA MAS DE LA FORMA NATURAL, DEL SER HUMANO, ES DECIR ENERGIA SOMOS, Y ENERGIA SEREMOS,

Y ESTO RELAMENTE NADIE, LO PUEDE CAMBIAR YA QUE LA ESENCIA DE LA VIDA, ESTA FORMADA DE ESTA MANERA.

Y PÀRA FINALIZAR ESTE CAPITULO TAN INTERESANTE DIREMOS: QUE NADIE SE SORPRENDA NI SE ASUSTE, YA QUE LA FORMA DE VIDA QUE NOS HATOCADO VIVIR, PODRIA HABER SIDO EN PEORES CIRCUNSTANCIAS Y MOMENTOS, Y FORMAS

DE LO MALO MALO SENTIMOS SOMOS SERES HUMANOS TENEMOS SENSACIONES, EMOCIONES, Y SABEMOS AMAR. SABEMOS DIFERENCIAR EN LO QUE ESTA BIEN Y NO LO ESTA. SABEMOS PENSAR, Y DECIDIR.VIVA LA ENERGIA UNIVERSAL

DIOS

SIGUIENDO CON LA SECUENCIA DE LA NOVELA, NOS ENCONTRAMOS NECESARIAMENTE, CON LA FIGURA DE DIOS,

QUE ES DIOS REALMENTE, QUE REPRESENTA PARA LA HUMANIDAD, PARA EL SER HUMANO.

PUES LA VERDAD SEGÚN MI CRITERIO, DIOS ES LA IMAGEN, QUE REPRESENTA TODO, ES LA ENERGIA UNIVERSAL, SEÑOR DIOS, DE TODOS LOS UNIVERSOS, LO QUE MUEVE Y TRANSFORMA TODO

GENERALMENTE, CUANDO INVOCAMOS A DIOS, NO SABEMOS REALMENTE, A QUIEN VAN DIRIGIDAS NUESTRAS PLEGARIAS Y NUESTRAS ORACIONES, YA QUE DESCONOCEMOS LA IMAGEN DE DIOS, YA QUE DIOS ES ENERGIA.

LA RELIGION SE HA VISTO ENVUELTA EN MUCHAS CONFUSIONES

.LOS CRISTIANOS O CATOLICOS, SIGUEN LA IMAGEN DE JESUS, QUE COMO SABEMOS FUE UN MENSAJERO DE BUENA VOLUNTAD.

LOS ARABES, SIGUEN LA IMAGEN DE ALA, A TRAVES DE MAHOMA, QUE VIVIO EN EL SIGLO VI DE NUESTRA ERA, Y FUE UN VISIONARIO.

LOS INDUES: SIGUEN LA IMAGEN O IMÁGENES DE MUCHAS, PERSONAS ESPIRITUALES DE LA EPOCA, COMO KRISNA MURTI.

COMO VERAN LA VIDA ESTA ENVUELTA EN MUCHAS SECUENCIAS Y VIVENCIAS ACERCA DE LA RELIGION.

YO DIRIA PARA SER MAS EXACTO QUE CADA PUEBLO CADA TRIBU, CADA PAIS O NACION TIENEN SUS CREENCIAS.

O SEA QUE TODOS CREEMOS EN ALGO POR NECESIDAD, PERO LA VERDAD QUE HAY DETRÁS DE TODO ESTO,

YO ME ACUERDO QUE CUANDO ESTUVE EN MEXICO LINDO, SE VENERABA MUCHO A LA VIRGEN DE GUADALUPE, QUE VIENE ASER, EL SINONIMO DE LA VIRGEN MARIA, DE LA VIRGEN DEL CARMEN, Y ASI SUCESIVAMNETE, POR ESO LES DIGO QUE CADA PUEBLO TIENE, SUS CRENCIAS Y SUS PREFERENCIAS.

EL SER HUMANO ES CREYENTE POR NECESIDAD, YA QUE NECESITA DAR UNA EXPLICACION AL UNIVERSO, A LA VIDA COTIDIANA, A SU VIDA MISMA.

PERO EN REALIDAD COMO HEMOS DICHO VARIAS VECES, LA EXPLICACION DE TODO, ESTO ESTA DENTRO DE NOSOTROS.

ESTA DENTRO DE NOSOTROS A TRAVES DE LA ENERGIA UNIVERSAL, A TRAVES DEL ALMA, O DE LA CONCIENCIA, ES LA UNICA EXPLICACION QUE SE PUEDA DAR.

POR ESO LES DIGO: QUE DIOS LO QUE TAN, ANSIADAMENTE BUSCA EL SER HUMANO. ESTA DENTRO DE NOSOTROS, O SEA QUE NO HACE FALTA BUSCARLO FUERA,

O SEA: QUE CADA PERSONA TIENE SU ALMA O SU CONCIENCIA Y SEGÚN SEA, PUES ACTUA O SE COMPORTA.

LA VERDAD ES QUE, A NUESTRA CONDICION DE SER HUMANO U HOMINIDO ES MUY DIFICIL, SABER O CONOCER LA VERDAD QUE NOS ENVUELVE.

PERO PARECE QUE TENDREMOS QUE VIVIR CON LA DUDA, A PESAR DE TODO.

PERO NO NOS EQUIVOQUEMOS PORQUE, NO PODEMOS HECHARLE LA CULPA A DIOS, DE NUESTROS MALES.

YA QUE LA VIDA, DEPENDE EXCLUISIVAMETE, DEL DESTINO, Y NACEMOS CON EL Y MORIMOS CON EL, O SEA QUE NADA, SE PUEDE HACER NADA AL RESPECTO.

PERO LO QUE SI PODEMOS HACER NOSOTROS EN CALIDAD DE SERES HUMANOS, ES SER MEJORES PERSONAS, ES SER MAS AUTENTICOS, CON RESPECTO A LO QUE PENSAMOS O SENTIMOS.

YA QUE LA FELICIDAD: RADICA NO EN TENER, MAS O MENOS BIENES MATERIALES. SI NO EN SER UNA PERSONA, VIRTUOSA, ESTO QUIERE DECIR, EN MONSTRAR LO MEJOR DE NOSOTROS MISMOS, EN CADA MOMENTO DE NUESTRA VIDA.

EL COMPORTAMIENTO HUMANO

EL COMPORTAMIENTO HUMANO, FORMA PARTE DE LA TRAMA DEL LIBRO QUE ESCRIVO PARA UDS, QUE DEBEMOS ESPERAR DE LA VIDA.

A UDS QUE LES PARECE EL COMPORTAMIENTO HUMANO, LES PARECE NORMAL,

PUES PIENSO Y QUIERO CREER, QUE EL SER HUMANO, HACE LAS COSAS POR SISTEMA, ES DECIR POR ABSTRACION, HACE LAS COSAS SIN DARSE CUENTA REAL, DE LO QUE HACE Y COMO LO HACE.

HACEMOS LAS COSAS POR DECRETO PORQUE LA VIDA ASI NOS LO DEMANDA, ES DECIR:

QUE SI VAMOS A TRABAJAR O A ESTUDIAR ES PORQUE LA VIDA NOS LO DEMANDA, POR DIFERENTES CIRCUNSTANCIAS, Y PROPÒSITOS.

YO POR EJEMPLO, Y ME QUIERO TOMAR COMO REFERENCIA, PARA QUE NADIE

DIGAN QUE SOY NEUTRAL:

ME LEVANTO TODOS LOS DIAS, Y DESPUES DE DESAYUNAR, Y DARME UN BAÑO, ME VOY A ESCRIBIR EL LIBRO DE TURNO A LA BIBLIOTECA, Y ASI PASO DOS O TRES HORAS.

LA BIBLIOTECA ES UN LUGAR AGRADABLE CON UNA CHICA AGRADABLE, O SEA QUE ESE EL EL LUGAR EN EL QUE YO LES CUENTO TODAS MIS HISTORIAS.

YO EN MIS TIEMPOS QUE ESTUVE YENDO A LA UNIVERSIDAD, TAMBIEN ME PASABA MUCHO TIEMPO EN LA BIBLIOTECA.

PERO VOLVIENDO A LA TRAMA DE LA NOVELA, PUES CREO QUE MI PROPOSITO ES EL DE TRANSMITIR, YO EMPECE A ESCRIBIR HACE POCIO MAS DE UN AÑO, Y CONTACTE CON UNA EDITORIAL DE INDIANA ESTADOS UNIDOS, Y HOS ES EL DIA QUE NO HE RECIBIDO, INFORMACION ALGUNA DE LA VENTA DE MIS LIBROS SERA POR NO LAS HA HABIDO,

PERO EL CADO QUE CREO QUE EL MARKETING, CREO QUE NO DEBERIA FUNCIONA ASI, PORQUE SI TU NO INFORMAS A LOS ESCRITORES DE COMO VAN LAS COSAS, PUES DIFICILMENTE PUEDE HABER CONFIANZA.

Y APARTE A ESTOS SEÑORES, EXIGEN UNA CANTIDAD DE DINERO POR PUBLICAR EL LIBRO QUE AL MARGEN DE QUE FUNCIONE O NO, ELLOS NO QUIEREN SABER NADA. O SEA SE LIMPIAN LAS MANOS.

Y HE TENIDO OTRO CASO, OTRA HISTORIA DE UNA COMPAÑIA AMERICANA, A LA CUAL MANDE MIS MANUSCRITOS DE TRES LIBROS Y HOY ES EL DIA DESPÙES DE SEIS MESES QUE NO SE NADA, ME LO PUEDEN CREER., LA COMPAÑÍA SE LLAMA UNITED, Y TIENE SU SEDE, EN PALMA DE MALLORCA.

PUES SI, EL ESCRIBIR ES BASTANTE COMPLICADO, PORQUE APARTE DE TENER TALENTO IMAGINATIVO, TIENES QUE TENER SOLVENCIA, Y TODO ESTO PARA QUE UN LIBRO NO SE VENDA, QUE LES PARECE.

PERO YO PIENSO QUE LA VIDA ES MUY SABIA Y TORDO QUE GIRA A NUESTRO ALREDEDOR ES KARMA, ESTO QUIERE DECIR, QUE TODO SE PAGA, TARDE O TEMPRANO.

PERO MIENTRAS TANTO TIENES QUE APECHUGAR, CON ESTAS COSAS QUE MALTRATAN ALA VIDA Y LA VIRTUD DEL SER HUMANO

PERO UN SER HUMANO PUEDE SER: BUENO O MALO, PUEDE TENER; BUENA O MALA ENERGIA, PERO EN DEFINITIVA, ESTAS PIEDRAS EN EL CAMINO, SON LAS QUE MERMAN LA ACTITUD DE SERVICIO DEL SER HUMANO.

PERO BUENO LAS COSAS ESTAN ASI, O SEA QUE LO QUE QUIERO DECIR: QUE EL MUNDO DE LAS EDITORIALES, ESTA ROTO, PIENSO QUE NO HAY INTEGRIDAD, NO HAY LO QUE SE TIENE QUE TENER.:HONESTIDAD Y COHERENCIA.

EL DESEO

EL DESEO, HERMOSA PALABRA, QUE ENCIERRA TODO EL MISTERIO DE LA VIDA Y DE LA MUERTE, Y ES POR ESO MISMO QUE KLO HE QUERIDO INCLUIRLO EN ESTE LIBRO.

EL DESEO ES LA MAYOR EXPRESION DEL SER HUMANO, DESEAR ES POSEER O QUERER POSEER:

SE POSER CUANDO SE TIENE:

UNA CASA

UN COCHE

UNA MUJER, AUNQUE ESO DURA POCO, O SEA EL ORGASMO.

Y ASI SUCESIVAMETE, SE PUEDEN DESEAR MULTITUD DE COSAS, PERO LAS COSAS MAS ELEMENTALES SON EL BIENESTAR,

EL BIENESTAR QUE NOS PROPORCIONA, ALGO O ALGUIEN, YA QUE LA VIDA GIRA EN TORNO AL BIENESTAR,

PARA CONSEGUIR ESE PROPOSITO HAY QUE ELABORAR ALGO, ES DECIR UNA CASA O UN COCHE, SOLO SE CONSIGUE CON

DINERO, PERO A UNA MUJER SE LA CONSIGUE A TRAVES DE LA SEDUCION,

LA SEDUCCION ES UNA BONITA ARMA, AUNQUE LA SEDUCCION, SOLO ESTE PRESENTE: HASTA QUE SE TIENE EL COITO O EL ORGASMO.

POR ESO LES DIGO QUE EL DESEO ES LA MADRE DEL ESPIRITU, UNO PUEDE DESEAR ANSIOSAMENTE, UNA COSA O COSAS,

POR EJEMPLO EL CONQUISTAR A UNA MUJER EQUIVALE A: CONQUISTARLA, SEDUCIRLA, HASTA GANARLA EN SU CONVENCIMIENTO, DE QUE ESA PERSONA LE INTERESA, Y LE CONVIENE.

PERO EL HOMBRE QUE TIENE QUE DECIR: EL HOMBRE YA QUE EN TODO COITO U ORGASMO INTERVIENEN DOS PERSONAS, Y LAS DOS TIENEN QUE ESTAR DE ACUERDO.

LA MUJER GENERALMENTE ES MUY ESCEPTICA, Y LA VERDAD NO SE PORQUE, YA QUE TIENE LAS MISMAS NECESIDADES FISIOBIOLOGICAS DE TODO SER HUMANO.

PERO EN FIN YO NUNCA HE COMPRENDIDO TODO ESO, PORQUE LA MUJER, ES LA QUE SE TIENE QUE DAR A VALER COMO SI ELLA NO DISFRUTASE DEL COITO.

PERO LA VIDA SIGUE, Y SI SEGUIMOS CON EL DESEO DIREMOS QUE TODO ABSOLUTAMETE TODO, ESTA EN FUNCION DEL DESEO, SE PUEDE DESEAR EL TERMINAR UNA CARRERA, EL TENER UNA VACACIONES, EL SUBIR AL HIMALAYA L PERO EN DEFINITIVA, SOLO ES ESO: DESEO: QUE LA MENTE RECUPERA

Y CUANDO NOS RELAJAMOS Y NOS METEMOS DE LLENO EN NUESTRAS VIDAS, QUE PASA QUE NOS OLVIDAMOS DEL DESEO, DE LA SENSACION DE POSEER.

TODO SER HUMANO SIN EXCEPCION, SIENTE EL DESEO ALGUNA VEZ, YA QUE LA MENTE FUNCIONA PARA TODOS IGUAL O PARECIDO.

PERO SI MIRAMOS HACIA ATRÁS, VEREMOS QUE EL DESEO: NO ES MAS QUYE UNA FORMA DE VIVIR Y DE SENTIR, EN EL CIRCO DE LA VIDA.

SIN ESOS INGRDIENTES SERIA, REALMENTE, DIFICIL VIVIR, YA QUE SIN EL ESTIMULO: DEL SENTIR DE EMOCINARSE, DE AMBICIONAR SERIA MUY DIFICIL LA VIDA, ES POR ESO QUE EL DESEO SIEMPRE ESTE PRESENTE EN NUESTRAS VIDAS.

EL DIVORCIO

EL DIVORCIO, BONITO TEMA PARA INCLUIRLO EN ESTE SU LIBRO,

EL DIVORCIO, ES LA SEPARACION FISICA DE LAPAREJA COMO TAL

ES UNA SEPARACION EN LA CUAL, SE VEN INVOLUCRADOS MUCHAS PERSONAS, NO SOLAMENTE LA PAREJA, SI NO, LOS HIJOS, LOS PÀDRES Y FAMILIA.

PORQUE: SE SEPARAN LAS PERSONAS, QUE PARECE SER: ES LA EPIDEMIA DE NUIESTRO TIEMPO,

PUES LAS CAUSAS, PUEDEN SER, MUCHA Y VARIADAS.

FALTA DE COMUNICACIÓN.

FACTOR ECONOMICO.

INFIDELIDAD.

QUE EL AMOR, SE FUE POR LA VENTANA.

EN FIN, QUE LAS CAUSAS PUEDEN SE MUCHAS, PERO CREO QUE LAS MAS IMPORTANTE O SEA LA MAS NOTABLE, ES LA FALTA DE AMOR, QUIERO DECIR QUE CUANDO NO HAY AMOR, SE PIERDE TODO.

LA FALTA DE AMOR PUEDE SER ORIGINADA, POR UNA RAZON MUY IMPORTANTE, QUE TANTO EL HOMBRE COMO LA MUJER, QUIZAS SE UNIERON, PENSANDO EN EL SEXO,

PERO EL SEXO, ES DE POCO TIEMPO DE DURACION Y DIGANME QUE SE HACE CON EL RESTO DEL TIEMPO SI NO HAY AMOR O INTERES O ATRACCION.

PUES TANTO EL HOMBRE COMO LA MUJER DEBEN DE SER, CONSCIENTES DE QUE, LA PAREJA, NO SOLO ES: SEXO, ESTAMOS DE ACUERDO QUE SEXO ES:IMPORTANTE PERO NO LO ES TODO, Y CONVIVIR CON UNA PERSONA, CON LA QUE NO QUIERES, PUES RESULTA UN POCO DESAGRADABLE.

POR ESO HOY EN DIA SON CADA VEZ LAS PERSONAS, QUIE NO SE CASAN, YO POR EJEMPLO NUNCA ME CASE, Y ESTUVE VIVIENDO CON UNA MUJER A LA QUE QUISE MUCHO EN SU DIA, Y TUVE DOS HIJOS, PERO PIENSO QUE NO ES NECESARIO CASARSE PARA AMARSE.

EL AMOR DE UNAPAREJA RADICA EN SUS SENTIMIENTOS, DIGANME, DE QUE SIRVE, QUE UNA PAREJA, VIVAN JUNTAS SI NO SE QUIEREN, SI NO SE DESEAN, SI NO SE AMAN.

PUES LA CONVICENCIA RESULTA UN VERDADERO INFIERNO. YA QUE LA MUJER, ES MUY ESPECIAL, Y PUEDE HACER LAS COSAS: POR NECESIDAD, PERO NO POR AMOR.

A LO LARGO DE LA HISTORIA HEMOS TENIDO IMNUMERABLES CASOS, DE SEPARACIONES, PERO EN REALIDAD, ES QUE NUNCA

HA HABIDO AMOR, EL SEXO TUVO MUCHO QUE VER EN TODO ESTO.

EL SEXO SOLO ES DESEO DE LA PERSONA, YO SE QUE CUANDO SURGE EL DESEO, EL CUERPO TE QUEMA PRECISAMENTE CON TODO ESO, PERO SI ANALIZAMOS BIEN, EL SEXO UNA MALA JUGADA DE LA MENTE, QUE DESEA CONECTAR CON LA OTRA PERSONA COMO SI FUESEMOS A MARTE,

SI ESTOY DE ACUERDO QUE EL ORGASMO ES MUY NECESARIO, Y CONVENIENTE, PERO JUGARSE LA VIDA POR UN ORGASMO, NO CREO QUE SEA CONVENIENTE, SI NO HAY: AMOR

PARA VIVIR LA VIDA, CON AMOR, HAY QUE SENTIR A LA OTRA PERSONA, PERO EN CUANTO SE CONVIVE CON ELLA, LAS COSAS CAMBIAN.

LAS COSAS CAMBIAN YA QUE NO ES IGUAL IMAGINAR A UNA MUJER, QUE VEMOS EN LA CALLE PREPARADA, QUE A UNA MUJER: HACIENDO, SUS NECESIDADES BIOLOIGICAS.

PUES SI LA VIDA ESTA MONTADA SOBRE ESOS CIMIENTOS Y ESA ESTRUCTURA, QUE ES LA DE IMAGINAR COSAS, ENTRE ELLAS ESTA EN DISFRUTAR DEL SEXO, PERO REPITO EL SEXO ES: CUESTION DE MINUTOS Y TODOS LO SABEN,

ES CUANDO PAGAMOS LOS SERVICIOS DE UNA PROSTITUTA, UDS CREEN, QUE ES CONVENIENTE O BUENO, EL INVERTIR UN DINERO EN ELLO, A PESAR DE QUE LAS CANTIDADES, QUE SE MANEJAN EN PROSTITUCION SON INCREIBLES, PERO CIERTAS.

EL NUDISMO

EL NUDISMO: COMO ESTADO NATURAL DEL SER HUMANO, HE CREIDO CONVENIENTE INCLUIRLO, EN ESTE LIBRO, QUE DEBEMOS ESPERAR DE LA VIDA.

EL NUDISMO: SE DA EN TODOS LOS ORDENES DE LA VIDA SOCIAL, YA QUE TODO SER HUMANO, ANHELA A VER CONVERTIDA, SU FANTASIA EN REALIDAD.

LA FANTASIA DEL SER HUMANO ES: POR EJEMPLO, ES VER A SU IMAGEN DE MUJER AL NATURAL, , Y POR ESO QUE ACUDE A LAS PLAYAS DEL NUDISMO.

PERO ESA IMAGEN PUEDE ESTAR DISTORSIONADA POR LA REALIDAD, YA QUE NADA, ES LO QUE PARECE, Y QUE TODO ESTA EN LA MENTE,

QUIERO DECIR QUE UN DESNUDO, PUEDE SER BONITO O FEO SEGÚN SE VEA, PERO LA REALIDAD ES QUE ES SOLO UN CUERPO HUMANO, O SES UN CONJUNTO DE ORGANOS, CUBIERTOS POR LA PIEL.

PERO SI ESO RESULTA EXCITANTE, PUES ADELANTE, PERO EL SEXO ES UNA COSA Y LA ATRACCION DE LA MUJER O EL HOMBRE ES OTRA.

ENTONCES NOS TENEMOS QUE PREGUNTAR QUE ESTAMOS BUSCANDO EN REALIDAD Y EN LA REALIDAD,: SEXO O PLACER O DIVERSION.

HOY EN DIA LAS CHICAS ESTAN MUY COTIZADAS, YA QUE NO HAY MUCHAS ALTERNATIVAS, PERO SI MIRASEMOS BIEN A NUESTRO ALREDEDOR, VERIANMOS QUE LAS COSAS, NO SON COMO PARECE.

PERO BUENO: ES POR ESO QUE SE CONSUME TANTO DINERO, EN PROSTITUCION POR VER A UNA MUJER DESNUDA, ES EL MISTERIO DE LA VIDA OCULTA.

PORQUE EL ORGASMO ES UNA COSA QUE DURA POCO, Y CREO QUE ESO, ES UNA CONSTUMBRE, MAS QUE UN DESEO.

PERO BUENO, SI EL SER HUMANO SE EMPEÑA EN SEGUIR HECHANDO LEÑA AL FUEGO, PUES ADELANTE, PERO YO CREO SINCERAMENTE, AUNQUE ADMITO QUE SIENTO A VECES LA CURIOSODAD Y NECESIDAD DE ESTAR CON UNA MUJER PARA VER QUE ES LO QUE SE SIENTE,

CREO SINCERAMENTE QUE EL SEXO, ES MAS DESEO QUE OTRA COSA.

PERO SIN EMBARGO HAY QUE SER POSITIVOS Y VER LA PARTE BUENA DE LAS COSAS, Y TRATAR DE AVERIGUAR, PORQUE EL SER HUMANO SIENTE LA NECESIDAD DE ESTAR CON UNA MUJER Y AL REVES,

UDS LO SABEN PUES DIGANMELO, YA QUE EL SEXO O LAS RELACIONES SEXUALES ESTAN HAY POR TODOS LOS TIEMPOS DESDE EL PRINCIPIO DE LA HUMANIDAD, EL SEXO HA ESTADO PRESENTE, EN NUESTROS DIAS Y POR LO TANTO EL NUDISMO.

ENTONCES HAY QUE DARLE LA IMPORTANCIA QUE TIENE, SI PARA LOS SERES HUMANOS TIENE LA IMPORTANCIA QUE TIENE, POR ALGO SERA, ES QUE EN LA VIDA LA CASUALIDAD NO ES MUY FRECUENTE.

PERO VOLVIENDO AL NUDISMO, DIREMOS; QUE ES LA EXPRESION MAS NATURAL DEL SER HUMANO, AUNQUE SIEMPRE SE HA CENSURADO A TRAVES DE LA HISTORIA, EL NIDISMO FORMA PARTE DE UNA VIDA RACIONAL Y SENSIBLE CON SUS VIRTUDES Y SUS DEFECTOS.

YO QUIERO PENSAR QUE SIEMPRE SE HA ENVUELTO DE MISTERIO TODO RELACIONADO CON EL NUDISMO, POR LA CONDICION DE SER HUMANO, YA QUE ES UN SER DEPENDIENTE, BIOLOGICAMENRTE Y ANATOMICAMENTE.

PERO BUENO, CADA SER HUMANO, ES MUY LIBRE DE PENSAR O DE OPINAR LO QUE QUIERA Y COMO QUIERA.ASI COMO DE ACTUAR CON ARREGLO A SU SENTIR, , YA QUE LA MENTE A VECES, NOS PUEDE JUGAR PASADAS, QUE NO SON MUY COHERENTES, CON LA VIDA Y CON EL SENTIR DEL SER HUMANO.

EL QUE DIRAN

EL QUE DIRAN FORMA PARTE DE LAS COSAS QUE DEBEMOS ESPERAR DE LA VIDA, Y ES POR ESO QUE LO HE INCLUIDO EN EL LIBRO,

EL QUE DIRAN, SUPONE, UNA CARGA MUY IMPORTANTE, PARA EL SER HUMANO, YA QUE, SUPONE UNA DESVALORIZACION, DE SU PERSONALIDAD Y DE SU CRITERIO.

SI NOSOTROS PENSAMOS EN EL QUE DIRAN ESTAMOS PENSANDO, EN LO QUE PIENSAN, LOS DEMAS, EN VEZ DE PENSAR EN NOSOTROS MISMOS.

NOS ESTAMOS SOBRESTIMANDO, NOS ESTAMOS DESVALORIZANDO.

ES POR ESO QUE CONSIDERO NECESARIO, QUE TODOS HAGAMOS UNA REFLEXION, DE EL PORQUE NOS IMPORTA TANTO, LA OPINION DE LA GENTE.

ESTAMOS MOTIVADOS, POR LA OPINION QUE LA GENTE PUEDA TENER DE NOSOTROS, Y NOS OLVIDAMOS DE ALGO MUY IMPORTANTE, NOS OLVIDAMOS DE SER NOSOTROS MISMOS, QUE EN REALIDAD ES EL CAMINO A SENTIRNOS MEJOR, YA QUE DE OTRA MANERA NO SERIA POSIBLE.

SI SUPLIMOS NUESTRA PERSONALIDAD EN FUNCION DE LOS DEMAS, PUEDE OCURRIR QUE SEAMOS OTRAS PERSONAS, QUE ADQUIRAMOS OTRA PERSONALIDAD, Y QUE PERDAMOS NIESTRA IDENTIDAD.

HOY EN DIA EN LA SOCIEDAD EN QUE VIVIMOS, HAY MUCHOS CASOS DE PERDIDA DE IDENTIDAD, PRECISAMENTE POR ESA MISMA RAZON, POR EL QUE DIRAN.

SI NOS COMPORTAMOS DE UNA FORMA U OTRA ES EN FUNCION DE LOS DEMAS NO DE NUESTRA IDENTIDAD.

RARAS SON LAS PERSONAS QUE NO PIERDEN SU IDENTIDAD POR CAUSAS DIVERSAS, ENTRE ELLAS ESTA, LA OPINION DE LA GENTE,

Y YO ME PREGUNTO PORQUE ES TAN IMPORTANTE LA OPINION DE LA GENTE, QUE PASA, ES QUE ACASO, NOS HACE SENTIRNOS MEJOR.

PUES CREO QUE NO, LA PERSONA QUE SE COMPORTA DE ESA MANERA, ES QUE NO TIENE LAS BASES SUFICIENTES, EL CONOCIMIENTO NI LA PREPARACION NI LA EXPERIENCIA,

YA QUE CON LA EXPERIENCIA, SE PODRIA APLICAR, A LA VIDA.

PERO SI VAMOS POR LA VIDA GRITANDO, O EXPONIENDO COSAS, DE LAS QUE QUIZAS NO SINTAMOS O PERCIBIMOS, ESTAMOS MANIFESTANDO NUESTRA FALTA DE PERSONALIDAD.

LA NATURALIDAD: ES UNO DE LOS PRINCIPIOS BASICOS, DEL SER HUMANO, PARA ALCANZAR LO QUE CONSIDERAMOS: COMO LA FELICIDAD O EL BIENESTAR, O QUIZAS LA DICHA.

LO QUE QUIZAS PUEDE OCURRIR, ES QUE EL SER HUMANO, NO PUEDE MANIFESTARSE COMO ES, PORQUE QUIZAS VA CONTRA LAS REGLAS DE LA SOCIEDAD.

PUEDE INFLUIR EN ELLO EL STRESS, LA PRESION DE LA VIDA, LOS PROBLEMAS COTIDIANOS, LAS DEPRESIONES Y DEMAS

PERO DE TODAS MANERAS, HAY QUE ACERCARSE MAS AL COMPORTAMIENTO NATURAL Y SENCILO Y HUMILDE, YA QUE DE LA HUMILDAD, PARTE: LA SABIDURIA DEL SER HUMANO

SI NOSOTROS CUANDO SALIMOS DE CASA POR LA MAÑANA NO HACEMOS EL PROPOSITO DE SER NATURALES Y SENCILLOS, O QUIZAS O TAL VEZ:

HUMILDES, LES PUEDO GARANTIZAR QUE TODO SALDRA MEJOR, QUE OTRO DIA U OTRO DIA CUALQUIERA.

SI LA VIDA NOS PRESIONA CON SUS COSAS, ES PORQUE QUIZAS NOSOTROS, TENEMOS UN POCO DE CULPA, QUIZAS NOS PRESIONAMOS MAS DE LO QUE DEBEMOS, ES POR ESO: QUE LAS COSAS NO SALEN COMO QUEREMOS O DESEAMOS: NORMAL.

PERO SI NOS HACEMOS EL PROPOSITO, DE RELAJARNOS, Y DE SER UNOS SERES HUMANOS COMPLETAMENTE POSITIVOS, ES DECIR QUE HAY QUE VER EL LADO POSITIVO DE LAS COSAS, NO EL NEGATIVO COMO ACOSTUMBRAMOS A VER.

PERO EN FIN, CADA PERSONA ES UN MUNDO, ES UN ALMA DIVAGANDO POR EL CIRCUITO DE LA VIDA, Y DEBEN SABER Y CONOCER, LO QUE DEBEN HACER Y COMO.

EL TIEMPO

EL TIEMPO, LO HE INCLUIDO EN ESTE LIBRO, YA QUE ME PARECE INTERESANTE, REFLEXIONAR SOBRE COMO PASA EL TIEMPO Y LA VIDA.

AL REFERIRME AL TIEMPO, NO MME REFIERO AL CLIMA SI NO AL TIEMPO DE UNA DE LAS DIOMENSIONES POR LAS CUALES TENEMOS QUE ATRAVESAR,

ES DECIR EL TIEMPO QUE TRANSCURRE ENTRE UN MOMENTO Y OTRO, ENTRE UNA CIRCUNSTANCIA Y OTRA, EL TIEMPO QUE TENEMOS QUE ESPERAR PARA QUE OCURRA CIERTA COSAS,

ES MUY DIFICIL CONCRETAR ALGO TAN ABSTRACTO, COMO LAS DIMENSIONES DEL TIEMPO, O SEA QUE, O QUE QUIERO DECIR: ES QUE LAS ACCIONES SE SUCEDEN, NO POR CASUALIDAD SI NO, POR CIRCUNSTANCIAS DEL TIEMPO, EL TIEMPO QUE TIENEN QUE TRANSCURRIR, PARA QUE SUCEDAN LAS COSAS.

ES REALMENTE HABLAR O ESCRIBIR DE ALGO ABSTRACTO, COMO ES EL TIEMPO O LAS DIMENSIONES, PERO VAMOS A TRATAR DE HABLAR DE ELLAS.

IMAGINEMOS QUE SALIMOS DE NUESTRA CASA POR LA MAÑANA, CON DIRECCION A LA UNIVERSIDAD O AL TRABAJO, DIGANME QUE SUCEDE ENTRE EL ESPACIO, QUE PASA, DESDE QUE SALIMOS DE CASA, HASTA QUE NOS ENCONTRAMOS EN LA UNIVERSIDAD O EL TRABAJO.

ALGUIEN ME LO PODRIA DECIR, PUES LA VERDAD CREO QUE ES MUY DIFICIL YA QUE EL TIEMPO ESTA PREESTABLECIDO, Y ES COMO UNA PELICULA DE ACCION

EL TIEMPO PASA Y EL TIEMPO QUEDA, PERO LO QUE POSIBLEMETE NUNCA SALDREMOS DE DUDAS ES DONDE SE VA ES TIEMPO QUE PASAMOS ENTRE EL TIEMPO Y EL TIEMPO.

DONDE SE VA EL TIEMPO MIENTRAS NOS HACEMOS VIEJOS O ENVEJECEMOS, PORQUE ES EVIDENTE, QUE HAY UN ESPACIO EN EL CUAL VIVIMOS EXPERIMENTAMOS, TENEMOS SENSACIONES, DONDE REALMENTE SE VA.

QUE PASO, CON AQUELLOS NUESTROS MEJORES RECUERDOS, QUE SE ALBERGARON EN LA MEMORIA Y EN EL ESPACIO TIEMPO, QUE PASO CON AQUELLA NUESTRA PRIMERA CITA.

NUESTRA PRIMERA EXPERIENCIA, NO SOLO EN AMOR SI NO EN OPTRAS MUCHAS COSAS.

YO POR EJEMP``LO SI ME PONGO A RECORDAR O MEMORIZAR DE LOS MEJORES MOMENTOS QUE HE VIVIDO Y EXPERIMENTADO, PUES ME VIENE A LA MENTE:

LOS MOMENTOS QUE PASE: EN ISLARES DEN BUSCA DE PLACER.

LOS MOMENTOS QUE PASE CON MIS NOVIAS HACIENDO EL AMOR.

LOS MOMENTOS QUE PASE EN MEXICO LINDO Y QUERIDO Y NUEVAYORK.

Y ASI SUCESIVAMENTE, DONDE SE FUERON; AQUELLOS, RECUERDOS DE MI JUVENTUD, ACASO SOLO FUERON UN SUEÑO, UNA ILUSION.

PUES LA VERDAD: ESTA UN POCO COMPLEJO AVERIGUARLO, YA QUE LA VIDA, NO TE DA OPOCION, A AVERIGUAR, QUE PASA CON NUESTRAS VIDAS Y QUE DEBEMOS ESPERAR DE LA VIDA.

PERO BUENO MIENTRAS TANTO SEGUIREMOS, EN EL LABERINTO DE LA FORTUNA DE LA VIDA, A VER QUE PASA CON NUESTRAS VIDAS.

YO SOY CONSCIENTE, QUE LA GENTE TIENE SU MOMENTO. SU EPOCA, QUE TIENE NECESARIANMENTE, QUE APROVECHARLO

QUE ES MEJOR SER JOVEN, QUE PERSONA DE LA TERCERA EDAD, YA QUE LAS PERSONAS DE LA TERCERA EDAD YA HEMOS EXPERIMENTADO LA VIDA, POR DURA QUE HALLA PARECIDO.

PERO NOS QUEDA LOS RECUERDOS, EL PENSAR QUE UN DIA, FUIMOS FELICES, Y QUE PARTICIPAMOS EN EL CIRCUITO DE LA VIDA Y DE SU CONTEXTO.

QUE DEBEMOS ESPERAR DE LA VIDA

ME PARECE IMPORTANTE SURRAYAR AL GUNOS COMENTARIOS, QUE NOS AFECTAN A LOS SERES HUMANOS, QUE SON EL PAN NUESTRO DE CADA DIA, Y POR ESO LOS HE INCLUIDO EN ESTE LIBRO: QUE DEBEMOS ESPERAR DE LA VIDA.

EL ESTAR ENAMORADO: ES LA MAYOR EXPRESION DEL SER HUMANO, UNO SE SIENTE DISTINTO, DIFERENTE.

NO SEA SI SEA, UNA CUESTION EMOCIONAL, PERO EL HECHO ES QUE TRANSFORMA A LA PERSONA,

NO SE EQUIVOQUEN, ESTOY HABLANDO DE ESTAR ENAMORADO COMO EXPRESION ESPIRITUAL, DEL SER HUMANO, NO CONQUISTAR UNA MUCHACHA, PARA TENER RELACIONES CON ELLA. AUNQUE EL GOCE Y DISFRUTE CONSIDERO QUE ES EL MISMO, YA QUE CREO QUE EL MOMENTO ES DE LOS DOS.

O SEA QUE UNA PERSONA LLAMESE HOMBRE O MUJER LO MISMO DISFRUTA CON SUS ORGASMOS, O SEA QUE LA COSA, ESTA EQUILIBRADA, YA NO SE PUEDE HABLAR, DE QUE EL DISFRUTE ES: SOLAMENTE DEL HOMBRE, ESO ES UN MITO Y UN BULO.

PERO BUENO VOLVIENDO AL TEMA QUE NOS OCUPA DIRE: QUE EL ESTAR ENAMORADO, ES SUBLIME, MIENTRAS DURA, PUES NO SIEMPRE DURA, PARECE SER QUE EL SEXO, TIENE MUCHO QUE VER EN TODO ESTO.

ME EXPLICO: UNA PAREJA, ES MUY PAREJA MIENTRAS DURA EL MISTERIO DEL SEXO.

O SEA MIENTRAS NO SE DE LA PENETRACION O, EL ORGASMO TODO ESTA BIEN, AHORA CUANDO SE DA EL SEXO, PUES YA LA COSA CAMBIA, PORQUE SERA,

UNA PAREJA PUEDE ESTAR MUY NECESITADA DE SEXO, QUE NO ES PRECISAMENTE AMOR, PERO EN CUANTO SE DA EL COITO, LA COSA BAJA DE TENSION, ES DECIR, LO QUE ERA, HASTA HACE UN MOMENTO FUEGO Y PASION AHORA ES TRANQUILIDAD Y SOSIEGO, ES MAS, YA EL SEXO NO CUENTA.

ENTONCES NOS VEMOS EN UNA ENCRUCIJADA DE LA VIDA, ES DECIR, QUE AMAMOS POR NECESIDAD, NO POR AMOR, EL AMOR ES UN BULO. ES UN MITO.

SI ESTABLECEMOS UNA RELACION DE PAREJA, ENSEGUIDA PENSAMOS EN EL SEXO, LO QUE NECESARIAMENTE TENEMOS QUE PENSAR QUE EL SEXO ES MENTAL, ES SICOLOGICO.

PERO BUENO EL SEXO ES NECESARIO, AL MENOS ESO DICEN LOS EXPERTOS, QUE ACONSEJAN TENER SEXO, CUANTO MAS MEJOR, PARA LIBERAR LAS ENERGIAS DE NUESTRO CUERPO Y DE NUESTRA MENTE.

LO QUE NECESARIAMENTE TENEMOS QUE PENSAR, QUE EL SEXO ES UNA NECESIDAD, COMO EL COMER, COMO EL BEBER, COMO IR AL BAÑO, COMO DUCHARSE.

HEMOS VISTO EN LAS MEJORES FILMACIONES DE TELENOVELAS MEXICANAS YA QUE SON LAS MEJORES, QUE EL SEXO PUEDE SER OCASIONAL Y POR EL MOMENTO, O SEA PARA SARTISFACER UNA NECESIDAD

SI OBSERVAMOS CUALQUIER TRAMA DE CUALQUIER NOVELA, TODO GIRA, EN TORNO AL SEXO, PORQUE SERA, PUES CREO QUE: PUEDE SER PORQUE ES: UNA NECESIDAD PRIMARIA DE LOS PRIMATES, Y PORQUE FORMA PARTE DE CUERPO HUMANO, BIOLOGICAMENTE HABLANDO.

HOY EN DIA EN EL PLANETA TIERRA, EL SEXO MUEVE CANTIDAD INGENTES DE DOLARES O EUROS, LLAMESE EN PROSTITUCION, U OTRAS CUESTIONES.

YA QUE EL HOMBRE COMO HOMBRE, COMO HOMINIDO NO SE PUEDE ESTAR QUIETO, Y PREFIERE JUGAR AL SEXO, CON OTRAS MUJERES DE LA VIDAD Y DEL AMOR.

LO MISMO, PODRIAMOS DECIR, DE LA MUJER YA QUE LA MUJER, NO ES DE MADERA COMO LA TELENOVELA MEXICANA. LA MUJER: SIENTE Y SE EMOCIONA CON EL SEXO IGUALITO AL HOMBRE, ENTONCE YA ESTAMOS PAREJO.

QUE DEBEMOS ESPERAR DE LA VIDA

ME PARECE IMPORTANTE SURRAYAR AL GUNOS COMENTARIOS, QUE NOS AFECTAN A LOS SERES HUMANOS, QUE SON EL PAN NUESTRO DE CADA DIA, Y POR ESO LOS HE INCLUIDO EN ESTE LIBRO: QUE DEBEMOS ESPERAR DE LA VIDA.

EL ESTAR ENAMORADO: ES LA MAYOR EXPRESION DEL SER HUMANO, UNO SE SIENTE DISTINTO, DIFERENTE.

NO SEA SI SEA, UNA CUESTION EMOCIONAL, PERO EL HECHO ES QUE TRANSFORMA A LA PERSONA,

NO SE EQUIVOQUEN, ESTOY HABLANDO DE ESTAR ENAMORADO COMO EXPRESION ESPIRITUAL, DEL SER HUMANO, NO CONQUISTAR UNA MUCHACHA, PARA TENER RELACIONES CON ELLA. AUNQUE EL GOCE Y DISFRUTE CONSIDERO QUE ES EL MISMO, YA QUE CREO QUE EL MOMENTO ES DE LOS DOS.

O SEA QUE UNA PERSONA LLAMESE HOMBRE O MUJER LO MISMO DISFRUTA CON SUS ORGASMOS, O SEA QUE LA COSA, ESTA EQUILIBRADA, YA NO SE PUEDE HABLAR, DE QUE EL DISFRUTE ES: SOLAMENTE DEL HOMBRE, ESO ES UN MITO Y UN BULO.

PERO BUENO VOLVIENDO AL TEMA QUE NOS OCUPA DIRE: QUE EL ESTAR ENAMORADO, ES SUBLIME, MIENTRAS DURA, PUES NO SIEMPRE DURA, PARECE SER QUE EL SEXO, TIENE MUCHO QUE VER EN TODO ESTO.

ME EXPLICO: UNA PAREJA, ES MUY PAREJA MIENTRAS DURA EL MISTERIO DEL SEXO.

O SEA MIENTRAS NO SE DE LA PENETRACION O, EL ORGASMO TODO ESTA BIEN, AHORA CUANDO SE DA EL SEXO, PUES YA LA COSA CAMBIA, PORQUE SERA,

UNA PAREJA PUEDE ESTAR MUY NECESITADA DE SEXO, QUE NO ES PRECISAMENTE AMOR, PERO EN CUANTO SE DA EL COITO, LA COSA BAJA DE TENSION, ES DECIR, LO QUE ERA, HASTA HACE UN MOMENTO FUEGO Y PASION AHORA ES TRANQUILIDAD Y SOSIEGO, ES MAS, YA EL SEXO NO CUENTA.

ENTONCES NOS VEMOS EN UNA ENCRUCIJADA DE LA VIDA, ES DECIR, QUE AMAMOS POR NECESIDAD, NO POR AMOR, EL AMOR ES UN BULO. ES UN MITO.

SI ESTABLECEMOS UNA RELACION DE PAREJA, ENSEGUIDA PENSAMOS EN EL SEXO, LO QUE NECESARIAMENTE TENEMOS QUE PENSAR QUE EL SEXO ES MENTAL, ES SICOLOGICO.

PERO BUENO EL SEXO ES NECESARIO, AL MENOS ESO DICEN LOS EXPERTOS, QUE ACONSEJAN TENER SEXO, CUANTO MAS MEJOR, PARA LIBERAR LAS ENERGIAS DE NUESTRO CUERPO Y DE NUESTRA MENTE.

LO QUE NECESARIAMENTE TENEMOS QUE PENSAR, QUE EL SEXO ES UNA NECESIDAD, COMO EL COMER, COMO EL BEBER, COMO IR AL BAÑO, COMO DUCHARSE.

HEMOS VISTO EN LAS MEJORES FILMACIONES DE TELENOVELAS MEXICANAS YA QUE SON LAS MEJORES, QUE EL SEXO PUEDE SER OCASIONAL Y POR EL MOMENTO, O SEA PARA SARTISFACER UNA NECESIDAD

SI OBSERVAMOS CUALQUIER TRAMA DE CUALQUIER NOVELA, TODO GIRA, EN TORNO AL SEXO, PORQUE SERA, PUES CREO QUE: PUEDE SER PORQUE ES: UNA NECESIDAD PRIMARIA DE LOS PRIMATES, Y PORQUE FORMA PARTE DE CUERPO HUMANO, BIOLOGICAMENTE HABLANDO.

HOY EN DIA EN EL PLANETA TIERRA, EL SEXO MUEVE CANTIDAD INGENTES DE DOLARES O EUROS, LLAMESE EN PROSTITUCION, U OTRAS CUESTIONES.

YA QUE EL HOMBRE COMO HOMBRE, COMO HOMINIDO NO SE PUEDE ESTAR QUIETO, Y PREFIERE JUGAR AL SEXO, CON OTRAS MUJERES DE LA VIDAD Y DEL AMOR.

LO MISMO, PODRIAMOS DECIR, DE LA MUJER YA QUE LA MUJER, NO ES DE MADERA COMO LA TELENOVELA MEXICANA. LA MUJER: SIENTE Y SE EMOCIONA CON EL SEXO IGUALITO AL HOMBRE, ENTONCE YA ESTAMOS PAREJO.

GARIBALDI

GARIBALDI, JUNTAMENTE CON EL ZOCALO CAPITALINO, SE PODRIA CONSIDERAR, QUE SON EL SINBOLO, DE MEXICO DISTRITO FEDERAL. Y ES POR ESO QUE HE QUERIDO TERMINAR ESTE LIBRO DEDICANDOSELO A MEXICO LINDO Y QUERIDO,

COMO LES COMENTABA, GARIBALDI REPRESENTA EL CENTRO DE MEXICO, LUGAR DE DIVERSION Y DE OCIO, LUGAR DE MARIACHIS, QUE DELEITAN A LOS TRANSEUNTES LA BELLEZA DE SUS CANCIONES,

GARIBALDI: SE ENCUENTRA EN EL MISMO EJE CENTRAL QUE CONECTA EL NORTE CON EL SUR, DE LA CAPITAL O SEA DEL DISTRITO FEDERAL.

SE ENCUENTRA UBICADO A UNA CUADRAS DE ZOCALO CAPITALINO, Y SIMBOLO DE LA CAPITAL.

EN GARIBALDI, SE ENCUENTRA UN HOTEL DONDE YO ME HOSPEDE POR LARGO TIEMPO, YA QUE VIVIA, EN GUANAJUATO Y VENIA A TRABAJAR A LA CAPITAI,

EN ESE PERIODO YO RECUERDO QUE LA COMIDA ERA EXQUISITA, DISFRUTABA MUCHO, CON SUS COMIDAS, SUS DESAYUNOS Y SUS CENAS.

YO ME DEDICABA, A LA VENTA Y PROMOCION DE TELAS IMPORTADAS QUE VENIAN DE ORIENTE, PARTICULARMENTE DE JAPON Y COREA.

MI LUGAR DE TRABAJO ERA EL CENTRO, O SEA CERCA DE GARIBALDI, ALLI HABIA MUCHISISIMAS TIENDAS DE TELAS, QUE SE VENDIAN AL MAYOREO, Y ASI ME PASABA LOS DIAS, GENERALMENTE ME QUEDABA A COMER EN EL CENTRO, A VECES, Y OTRAS VECES ME IBA AL HOTEL.

DE TODAS MANERAS EL TRABAJO QUE HACIA ERA DE RELACIONES PUBLICAS, YO LLEVABA VARIAS COMPAÑIAS YA QUE TRABAJABA COMO FREE LANCE., O SEA QUE TRABAJABA Y COBRABA POR COMISION SOBRE LAS VENTAS

EN LAS TARDES ME DEDICABA, A PASEAR POR GARIBALDI, PARA CONOCER SUS GENTES Y SU FORMAS DE VIDA Y COSTUMBRES.

EN ESE TIEMPO YO ESTABA VIVIENDO: EN GUANAJUATO, CON BERTA Y MIS DOS HIJITOS QUE POS CIERTO, EL PEQUEÑO ACABABA DE NACER.VIVIAMOS EN EL CERRO DEL CUARTO Y DESPUES NOS CAMBIAMOS A NORIA ALTA, DONDE ESTUVIMOS HASTA QUE NOS MUDAMOS A PUERTO VALLARTA

PERO A PESAR DE TODO YO ERA FELIZ, ME SENTIA BIEN, ALGUNOS FINES DE SEMANA QUE NO PUDE IR A GUANAJUATO, ME IBA A UNA DISCOTECA DONDE BAILABA CON CHICAS MUY JOVENES Y SI LA COSA IBA BIEN, TERMINABAS ACOSTANDOTE CON ELLA, O SEA QUE EL LIGAR ERA FACIL, BUENO ERA UN LUGAR DE ALTERNE.

AHORA PÌENSO, QUE EL LIGUE ES LO MISMO PARA EL HOMBRE COMO PARA LA MUJER, YA QUE EL DISFRUTE DEL MOMENTO ES IGUAL PARA LOS DOS, O SEA QUE NO SE PUEDE HABLAR DE

PREFERENCIAS, YA QUE LA MUJER DISFRUTA TANTO COMO EL HOMBRE O MAS, OSEA QUE NO SE HAGAN LAS SUECAS,

O SE QUE EL IR A GARIBALDI, SIGNIFICABA TENER, RELACIONES.

LA GENTE TOMABA SUS TEQUILAS, ERA, UNA FORMA DE OLVIDARSE DE LA PENAS, YA QUE TODOS TENEMOS PENAS, UNOS DE UNA FORMA Y OTROS DE OTRA.

TAMBIEN ME IBA POR TODO REFORMA, QUE ERA LA VIA PRINCIPAL DEL DISTRITO FEDERAL

TAMBIEN ME IBA A CHAPÙLTEPEC, LUGAR DE RECREO DE TODA LA GENTE, QUE VIVIA EN DISTRITO FEDERAL

Y ASI SE PASABAN LOS DIAS ENTRE ESTOS MOMENTOS Y AQUELLOS, PERO LO QUE SI QUIERO DECIR ES QUE. EL DISTRITO FEDERAL ES MUY ESPECIAL, SE RESPIRA UN AMBIENTE, MUY TRANQUILO, A PESAR DE QUE HAY BASTANTE CONTAMINACION POR EL NUMERO DE HABITANTES, QUE ENTONCES ERAN, DE DIECIOCHO MILLONES., Y POR EL NUMERO DE VEHICULOS.

A PESAR DE TODO ESTO SE PODRIA DECIR, QUE YO AME MUCHO A MEXICO LINDO Y QUERIDO, Y LO SIGO AMANDO SOLO ESPERO Y DESEO QUE ALGUN PUEDA REGRESAR,

LA FE

LA FE FORMA PARTE DE LA TEMATICA DE ESTE LIBRO QUE ESPERO QUE LES GUSTE, YA QUE TRATA O ABORDA PROBLEMAS COTIDIANOS Y SOCIALES.

LA FE: ES LA CREENCIA EN COSAS, QUE NO PODEMOS VER, PERO PODEMOS SENTIR.

ES LA CREENCIA EN ALGO SUPÈRIOR, COMO LO ANCIAN, LOS ANTIGUOS GRIEGOS, O SEA LOS GRIEGOS DE LA ANTIGÜEDAD, QUE TENIAN COMO REFERENCIA, A LOS DIOSES DEL OLIMPO, QUE SE ENCONTRABA EN ESE MOMENTO EN MACEDONIA CUNA DE ALEJANDRO MAGNO O EL GRANDE.

LOS DIOSES REPRESENTABAN UNA PARTE DE SU VIDA; POR EJEMPLO:

ZEUS, MAESTRO DE TODOS LOS DIOSES, Y ESPOSO DE HERA, AUNQUE TUVO MUCHAS MUJERES EN SU VIDA.

AFRODITA: DIOSA DEL AMOR, Y DEL DESEO, QUE COMPARTIO CON LOS HUMANOS, LOS DESEOS, EL AMOR Y LA PASION.

Y LUEGO TENEMOS, UNA SERIE DE DIOSES QUE REPRESENTABAN EL SENTIR DEL PUEBLO GRIEGO.

PERO TODO ESTO SOLO FORMA PARTE, DE LOS MITOS O DE LA MITOLOGIA GRIEGA, QUE COMO TAL, NUNCA SE SUPO SU VERACIDAD, O SEA QUE NUNCA SE PUDO COMPROBAR, SOLO:A TRAVES DE ANECDOTAS Y ESCRITOS, COMO EN EL CASO DE LA ILIDA DE HOMERO, EN LA CUAL INTERVIENEN,

PLUTON, DIOS DE LAS AGUAS.

PERO VOLVIENDO AL TEMA DE LA FE, ES UNA CUESTION DE NECESIDAD, DE JUSTIFICAR DE ALGUNA FORMA NUESTRA EXISTENCIA.YA QUE LOS HUMANOS NECESITAMOS, CREER EN ALGO, PARA SEGUIR VIVIENDO O EXISTIENDO.

POR EJEMPLO TENEMOS EL CASO DE LOS MILLONES Y MILLONES DE CREYENTES QUE HAY, EN EL PLANETA.

PUES TODA ESA GENTE, CREE POR NECESIDAD, NECESIDAD DE JUSTIFICAR SU VIDA.

PRUEBA DE ELLO ES QUE LA FE NO ESTA UNIFICADA, CADA SER HUMANO CREE EN LO QUE MAS LE CONVIENE,

SI POR EJEMPLO NECESITAMOS SENTIRNOS BIEN PUES, IREMOS DIRECTAMENTE A UN ACTO DE FE, PARA CALMAR NUESTRA CONCIENCIA, O NUESTRA ALMA.

EL SER HUMANO ES TAN PREDECIBLE, QUE HACE LAS COSAS POR SISTEMA, O SEA QUE EL SER HUMANO ES UNA SER DE COSTUMBRES, Y NO SE DA CUIENTA, PERO HACE LAS MISMAS COSAS, TODOS LOS DIAS.

O SEA QUE LA FE, SOLO ES UNA NECESIDAD DEL SER HUMANO, QUE CAMINA POR LOS SENDEROS DE LA VIDA, A VECES SIN RUMBO

PERO TENGO QUE DECIR:QUE LA FE ALIENTA A LOS PUEBLOS A HACER COSAS, PORQUE EN NOMBRE DE LA FE, SE HA MOVIDO MUCHAS Y MUCHAS COSAS.

POR EJEMPLO LAS REVUELTAS Y LAS FAMOSAS GUERRAS QUE OCURRIERON EN NOMBRE DE LA FE, EN LA EPOCA MEDIEVAL.

LUEGO TENEMOS LAS FAMOSAS CRUZADAS,

LAS GRANDES CONQUISTAS QUE SE HICIERON, EN NOMBRE DE ALA, DE LOS MOROS O ARABES, A TRAVES DEL TODO EL MEDITERRANEO Y ORIENTE PROXIMO, EN EL SIGLO VIII

LUEGO TENEMOS: EL TEMA DE LA INQUISICION QUE TANTO Y TANTO DOLOR, PRODUJO EN LAS ALMAS, DE LOS SERES HUMANOS DISCRIMINANDOLOS AL SUFRIMIENTO

LUEGO TENEMOS, LAS PERSECUCIONES A LOS CRISTIANOS DURANTE SIGLOS

Y ASI SUCESIVAMENTE, PORQUE EN REALIDAD TODOS LOS DESASTRES ENTRE LOS SERES HUMANOS HAN TENIDO COMO ORIGEN, LA FE HASTA NUESTROS DIAS.

EN NUESTRA EPOCA TENEMOS EL ENFRENTAMIENTO QUE, HUBO EN EUROPA, ENTRE LOS FRANCESES E INGLESES

LAS PRIMERA Y SEGUNDA GUERRA MUNDIAL, TIENE SU ORIGEN, EN LA FE.

LA HOMOSEXUALIDAD

LA HOMOSEXUALIDAD, FORMA PARTE DE LÑA TRAMA DE ESTE LIBRO QUE ESCRIVO PARA UDS,

SE TRATA, DE ALGO DIFERENTE A LA CONDICION, DEL SER HUMANO,

QUE ES LA HOMOSEXUALIDAD; PUES ES DIFICIL DETERMINAR CON EXACTITUD, YA QUE CADA SER HUMANOP ES MUY LIBRE DE SER COMO SIENTA,

PARA ELLO VEMOS QUE LA HOMOSEXUALIDAD, YO CREO QUE HA EXISTIDO SIEMPRE, A LO LARGO DE LA HISTORIA.

SEGÚN EL REPORTE DE CLASOS CLINICOS, PARECE SER QUE ES, UNA FALTA DE AMOR, QUE SE INICIA, EN LOS AÑOS JOVENES Y SE PROLONGA POR EL RESTO DE NUESTRAS VIDAS,

COMO DECIA ES UNA FALTA DE CARIÑO, DE AMOR, QUE SE MANIFIESTA EN LA PUBERTAD, Y SE PROLONGA EN LA MADURED.

PERO VAMOS A VER, ES QUE ACASO, ES UNA ENFERMEDAD, UNA CARENCIA QUE ES EN REALIDAD.

48

PUES YO CREO QUE PARA NO COMPLICARNOS LA VIDA, AUNQUE NO LO ENTENDAMOS CREO QUE CADA PERSONA, ES MUY LIBRE DE MANIFESTARSE, COMO DESEE, SEGÚN SU CRITERIO Y SENTIMIENTOS.

HACER EL AMOR ENTRE DOS CHICAS, RESULTA UN POCO COMPLICADO, YA QUE NO EXISTE EL PENE, QUE LLAMA TANTO LA ATENCION A LAS MUJERES,

ENTONCES COMO REALMENTE HACEN EL AMOR, BUENO YO CREO QUE CADA PAREJA TIENE SU SISTEMA Y SU METODO, Y SU AUTOESTIMA

SI HABLAMOS, DE LA RELACION QUE HAY ENTRE DOS HOMBRES, PIENSO QUE ES MENOS COMPLICADO, YA QUE HAY DOS PENES DE POR MEDIO.

LO QUE SUCEDE QUE EN CUALQUIERA DE LOS CASOS NO PUEDE HABER FERTILIDAD, O SEA NINGUN CASO DE EMBARAZO. YA QUE PARA QUE ESTO SUCEDA, SE NECESITA UN ESPERMA Y UN OVULO.

PERO EN CUALQUIER CASO, SE PUEDE HABLAR DE CASOS NORMALES, DENTRO DE LA SOCIEDAD, PUES POR RARO QUE PAREZCA NO ES MUY COMUN, YA QUE SUENA COMO RARO, EXTRAÑO, A LOS OJOS DE LA GENTE QUE NO COMPRENDE: LOS SENTIMIENTOS NI LAS EMOCIONES, QUE PUEDE HABER DETRÁS DE UN CASO DE ESTOS.

SI ANALIZAMOS CADA CASO ES DIFERENTE, PERO TIENEN UN COMUN DENOMINADOR:, EL AMOR.

EL AMOR, QUE NO SE DA: DENTRO DE UNA SOCIEDAD CONVULSA, CON SUS APETENCIAS EMOCIONALES, PERO

SIEMPRE, CONSIDERAMOS LA FALTA DE AMOR, EN TODOS, LOS CASOS.

PERO SI VEMOS EL DESARROLLO DE ESTA PATOLOGIA, VEREMOS QUE NO ES UN CASO AISLADO, YA QUE EXISTEN MULTITUD DE PAREJAS EN EL MUNDO QUE HAN OPTADO POR ESTE CAMINO, Y POR ESO MISMO, NO ME PARECE UNA OPCION DISCRIMINATORIA, YA QUE SON SERES HUMANOS, CON SUS SENSACIONES Y ¡EMOCIONES

PERO SI ES COMPLICADO, HACER EL AMOR ENTRE UNA PAREJA NORMAL, LLAMESE NORLMAL A LA RELACION: HOMBRE MUJER, NO DISCRIMINATORIA, PUES PARECE MAS COMPLICADO HACER EL AMOR ENTRE DOS PERSONAS DEL MISMO SEXO.

TODOS LOS ESTUDIOS, QUE SE HAN HECHO ACERCA DE ESTE FENOMENO, SE HAN ATRIBUIDO, A LO EMOCIONAL, A LO SICOLOGICO, YA QUE SE CONSIDERAN A LAS PERSONAS DE ESTE TIPO, COMO PERSONAS QUE NO ESTAN ENCASILLADAS, DENTRO DEL ESQUEMA DE LA SOCIEDAD.

PERO PARA TERMINAR DIRE Y ES MI OPINION, QUE CADA CUAL: ES MUY LIBRE DE EXPRESARSE COMO DESEE, Y COMO SIENTA, SI UNA PERSONA PERTENECE A ESTE GRUPO, ES PORQUE ASI LO HA DECIDIDO EL DESTINO, Y SU ALMA, O SU CONCIENCIA.

LA MUERTE

LA MUERTE SIGNIFICA EL DESPRENDIMIENTO DEL CUERPO, Y VUELTA A SU ESTADO NATURAL QUE ES LA ENERGIA, ESTE CAPITULO CREO QUE ES IMPORTANTE, PARA ESTE LIBRO YA QUE IMPLICA MUCHAS COSAS.

COMO DECIAMOS CUANDO UN CUERPO TERMINA SU ESTANCIA EN ESTA VIDA MATERIAL, PUES DE ALGUNA FORMA SE DESPRENDE, Y VUELVE A SU ESTADO NATURAL, QUE ES LA ENERGIA,

LOS SERES HUMANOS HEMOS TEMIDO A LA MUERTE, DURANTE MILLONES DE AÑOS SIN SABER QUE ES LA MUERTE, QUE SIGNIFICA LA MUERTE,

PUES LA MUERTE: NO ES MAS QUE UN ESTADO NATURAL DEL ALMA, QUE TIENE QUE ABANDONAR EL CUERPO, PARA FORMAR PARTE DEL UNIVERSO ASTRAL..

NOSOTROS, CUANDO NACEMOS Y ES UN CASO PARECIDO AL DE LA MUERTE, LO QUE HACEMOS ES DOTARNOS, DE UN ALMA QUE AL FINAL DE NUESTRAS VIDAS, SE REGRESARA DONDE PERTENECE.

PERO LA VIDA, YO CREO QUE GIRA EN TORNO A LA MUERTE, YA QUE ES UN CAMBIO, QUE TRANSFORMA A LOS SERES HUMANOS DE DOLOR Y TRISTEZA,

PERO LA VERDAD NO DEBEMOS SENTIR TRISTEZA ANTE UN HECHO NATURAL, YA QUE SIGNIFICA QUE LA VIDA, ES EN ESENCIA: LA ENERGIA O SEA EL ALMA O LA CONCIENCIA.

PERO A TODO SER HUMANO LE PREOCUPA, LA MUERTE, YA QUE ES ALGO DESCONOCIDO, PERO ESE DESCONOCIMIENTO, ES POR FALTA DE SENSIBILIDAD. LOS RITUALES DE LA MUERTE DEPENDE DE LAS CULTURAS,

HAY CULTURAS QUE PREFIEREN INCINERAR EL CUERPO, Y LUEGO TIRARLO A UN LUGAR QUE HALLA SIDO, DE LA PREFERENCIA DEL FALLECIDO,

HAY OTRAS CULTURAS QUE PREFIEREN ENTERRARLOS, A MI, EN LO PERSONAL: YO PREFIERO LA PRIMERA YA QUE DE ALGUNA FORMA, LO QUE ES: EL CUERPO HUMANO SIN VIDA ES SOLO UN TROZO DE CARNE.

ENTONCES SI VEMOS O ANALIZAMOS LA CULTURA DE LA MUERTE, PIENSO QUE HA HABIDO SIEMPRE UN GRAN RESPETO, POR LA MUERTE YA QUE EL GRAN DESCONOCIMIENTO QUE SE TIENE DE ELLA, ES MUY GRANDE.

PERO SI ANALIZAMOS: PORQUE HAY DIFERENTES EDADES PARA ABANDONAR EL CUERPO, EN PRO DEL ALMA O LA ENERGIA, PUES LA VERDAD, CREO QUE ESO ES TAREA DE GRANDES PENSADORES.

LA VERDAD RESULTA MUY DIFICIL SABER, LA VERDADERA ESENCIA, DE LA VIDA Y DE LA MUERTE, PERO EL HECHO ES QUE, YA SABEMOS ALGO: COMO QUE AL FINAL DEL CAMINO

VEMOS UNA LUZ BLANCA, QUE NOS INTRODUCE EN EL MUNDO ESPIRITUAL.

VIENDOLO ASI, PARECE COMO UN JUEGO, CON TODO EL RESPETO QUE ME EMRECE, PUES ES QUE PARECE TAN SENCILLO, PERO EN REALIDAD ASI ES.

LO VERDADERAMENTE ESENCIAL ES EL ALMA, YA QUE ES LA QUE VERDADERAMENTE CONDUCE NUESTRAS VIDAS.

PERO PARA TERMINAR DIRE: QUE EN ESTE LIBRO, QUE APARENTEMENTE ES UN LIBRO MAS, ES DE UN SIGNIFICADO IMPRESIONANTE, Y UNA TRANSCEDENCIA MAYUSCULA PARA LA RAZA HUMANA, SE RECONOZCA O NO.

POR ESO, HE CREIDO CONVENIENTE, INCLUIRLO EN ESTE LIBRO, PARA QUE QUE LOS SERES HUMANOS, CONOZCAN UN POQUITO ACERCA DE SU DESTINO Y SU PROCEDENCIA.

LA RELIGION

LA RELIGION ES EL TEMA CENTRAL DE TODAS LAS ACTIVIDADES DEL SER HUMANO.

NO SOLO HA TRANSFORMADO LA SOCIEDAD SI NO QUE LA CULTURIZADO, LA HA TRANSFORMADO,

APARTE QUE LA RELIGION HA SIDO EL MOTOR, DE TODAS LAS GUERRAS Y ENFRENTAMIENTOS QUE HA HABIDO DESDE EL PRINCIPIO DE LOS TIEMPOS,

LA RELIGION HA COMETIDO ATROPELLOS, EN LA EPOCA MEDIEVAL, DE GRAN MAGNITUD, ES DECIR, QUE TODAS LAS PERSONAS QUE NO ESTABAN DE ACUERDO CON SUS CREENCIAS, LAS ELIMINABAN.

LA RELIGION BASICAMENTE SON CREENCIAS, EN LO OCULTO, EN LO QUE PODEMOS PERCIBIR NO VER.

DESDE LA ANTIGÜEDAD SE HAN TENIDO ESE TIPO DE CREENCIAS, YA EN LA ANTIGUA GRECIA, SE TENIAN COMO CREENCIAS, O COMO SIMBOLOS A LOS DIODES DEL OLIMPO, QUE SE ENCONTRABA EN MACEDONIA.

LAS FUNCIONES QUE SE TENIAN RESPECTO A ESTOS SERES, ERA LA CREENCIA DE QUE ERAN SERES, INFINITAMENTE PODEROSOS, CAPAZ DE SOLVENTAR TODAS LAS SITUACIONES POR COMPLICADA QUE FUESE.

EN ROMA, OCURRIO EXACTAMENTE LO MISMO, SE TOMO DE REFERENCIA A LOOS DIOSES GRIEGOS, APLICANDOLES LOS MISMOS PODERES

A LO LARGO DE LA EPOCA MEDIEVAL, LA BASE PRINCIPAL HA SIDO EL CRISTIANISMO, QUE HA SIDO EL QUIE HA REGIDO, EL DESTINO DE LOS HOMBRES

ANTES DEL LA LEGALIZACION POR CONTANTINO Y EL CONCILIO DE NICEA, EL CRISTIANISMO SE OCULTABA, EN CATACUMBAS EN CASA PARTICULARES

PERO DESPUES DEL CRISTIANISMO LA COSA FUE DIFERENTE

EL CRISTIANISMO CREO QUE HA SIDO LA CAUSA, DE MUCHOS DE LOS MALES DE LA HUMANIDAD.

POR EJEMPLO LA LLAMADA SANTA INQUISICION, QUE DE SANTA, NO TENIA NADA.

EN LA EPOCA MEDIEVAL, EL PODER SE CENTRO EN EL CLERO Y LA RELIGION.

LUEGO EXISTIO MUCHOS Y VARIADAS RELIGIONES QUE HICIERON POSIBLE EL SENTIR DE LOS HOMBRES Y LA RAZA HUMANA.

POR EJEMPLO LA RELIGION ARABE NACIDA EN ARABIA, HACIA EL AÑO 500 DE NUESTRA ERA, BAJO EL SIGNO DE ALA, LOS

ARABES LEGARON A CONQUISTAR CASI TODO EL PLANETA HABITABLE EN ESE MOMENTO.

LAS FUERZAS ARABES LLEGARON DESDE ORIENTE HASTA EL MEDITERRANEO, Y SE INSTALARON EN LA PENINSULA IBERICA, POR CASI DE SETENCIENTOS AÑOS.

SU CENTRO CULTURAL FUE EL SUR DE LA PENINSULA, QUE SE LLEGO A LLAMAR AL- ANDALUS, EN HONOR A LA TIERRA ARABE, O HABITADA POR GENTE DE ORIGEN MUSULMAN.

EN EL TIEMPO QUE ESTUVIERON LOS ARABES O MUSULMANES EN LA PENINSULA, FUE UN CENTRO CULTURAL, NO SOLO CREARON VARIAS JOYAS ARQUITECTONICAS, SI NO QUE LOS ARABES CREARON, MUCHAS COSAS DE LAS CUALES NOS BENEFICIAMOS HOY EN DIA.

PERO VOLVIENDO AL TEMA PRINCIPAL DE LA NOVELA O DE LA HISTORIA, HEMOS PODIDO COMPROBAR QUE, LA HISTORIA ES TESTIGO O HA SIDO TESTIGO DE MUCHAS Y MUCHAS INJUSTICIAS CRIMENES, ABUSOS Y DEMAS, ASESINATOS TORTURAS.

Y TODO ESTO QUE LES CUENTO, SE HA HECHO EN NOMBRE DE LA RELIGION.

PERO PARA SER MAS EXACTOS, TENEMOS QUE DECIR QUE LA RELIGION DE ENTONCES DESCONOCIA MUCHAS, DE LAS COSAS EN LAS CUALES HOY TENEMOS PRESENTES.

TODO SE HACIA EN NOMBRE DE LA RELIGION, PÈRO AQUELLOS HOMBRES NI SIQUIERA SUPIERON, QUE ERA EN SI, LA RELIGION. OLAS CREENCIAS

PERO BUENO NOSOTROS NO PODEMOS NI DEBEMOS JUZGAR, A NADA NI A NADIE, YA QUE LA VIDA ES MUY SABIA, Y SUPUESTAMENTE SABE PORQUE HACE LAS COSAS.

LA SEXUALIDAD O EL SEXO

DENTRO DE LAS SENSACIONES MAS IMPORTANTES DELSER HUMANO, ESTA LA SEXUALIDAD O EL SEXO.

LA SEXUALIDAD ES LA CAPACIDAD DE TRANFORMACION DEL SER HUMANO Y APARTE SIRVE PARA LA PROCREACIÓN DE LA RAZA HUMANA.

EL SEXO O LA SEXUALIDAD ES UNA MAQUINARIA DE PLACER DE BIENESTAR, YA QUE SIN ELLA NO SERIA POSIBLE, ESPERAR NADA DE LA VIDA.

EL SEXO ES REALMENTE IMPORTANTE PARA EL SER HUMANO, APARTE QUE BIOLÓGICAMENTE TRANSFORMA LAS SENSACIONES Y EMOCIONES, ES IMPORTANTE COMPARTIR LA VIDA, CON ALGUIEN QUE TU CONSIDERAS QUE ES IMPORTANTE PARA TI.

EL ESTAR CON UNA PERSONA QUERIDA, ES REALMENTE IMPORTANTE, Y APARTE LA COMBINACIÓN DE ESO, CON EL SEXO O LAS RELACIONES SEXUALES, HACEN QUE SEA LA PRIORIDAD DEL SER HUMANO.

COMO SE DA ESTA CIRCUNSTANCIA, PUES SENCILLAMENTE YO CREO QUE ES MAGIA, EN LA CUAL INTERVIENEN LAS ENERCIAS

CÓSMICAS, PARA CONECTAR LAS ALMAS DE LAS PERSONAS INTERESADAS.

PENSÁNDOLO BIEN NO REPRESENTA TANTO PUES EN DEFINITIVA NO ES MAS ILUSION DE ESTAR CON UNA PERSONA, PUES ES SOLAMENTE CARNE.

PUES QUE REPRESENTA EL APARATO FEMENINO DE LA MUJER, PUES REPRESENTA LA VAGINA, DONDE SE ALBERGAN MULTITUD DE BACTERIAS, Y LOS PECHOS QUE NO REPRESENTA MAS QUE UN TROZO DE CARNE,

PERO A PESAR DE TODO ESTO Y SABIENDO LO QUE ES, YO PIENSO O QUIERO PENSAR, QUE NO ES MAS UNA ILUSION..

PORQUE QUE QUEDA, DESPUÉS DE HABER HECHO EL ACTO SEXUAL. UN ORGASMO QUE ES MUY NECESARIO, O LA SENSACIÓN DE HABER ESTADO, CON UN SER QUERIDO.

PUES LA VERDAD RESULTA MUY DIFÍCIL SABERLO PORQUE IMAGÍNENSE LA CANTIDAD DE COITOS QUE SE REALIZAN A LO LARGO DEL DIA, UNOS MEJORES QUE OTROS, EN REALIDAD QUE NOS QUEDA.

PERO EL HECHO ES QUE ES IMPORTANTE PARA EL SER HUMANO TANTO PARA EL HOMBRE COMO PARA LA MUJER, APARTE TENEMOS, LA PROCRESCION, EL TRAER BEBES A ESTE PLANO, PUES REPRESENTA UNA AVENTURA.

LA VERDAD ES QUE SABEMOS MUY POCO DE QUIENES SOMOS Y A DONDE VAMOS Y QUE DEBEMOS ESPERAR DE LA VIDA, PERO LAS COSAS SON ASI, Y DIGAMOS QUE NO HAY MUCHAS ALTERNATIVAS

HOY EL MUNDO ACTUAL SE M UEVE EN FUNCION DEL SEXO Y QUIEN DIGA LO CONTRARIO SE EQUIVOCA,

APARTE DE LA FUNCION ORGANICA, O SEA DEL ORGASMO TANTO EN EL HOMBRE COMO EN LA MUJER QUE ES UNA SENSACIÓN MUY PLACENTERA, PUES, PRODUCE UNA SENSACIÓN DE BIENESTAR.

YO CREO QUE SI LA MUJER NO TUVIESE TANTOS Y TANTOS PREJUICIOS SOCIALES Y MORALES EL COITO SE PODRIA REALIZAR CON MAYOR REGULARIDAD.

PERO BUENO SI ES ASI ES POR QLGO ES PORQUE LA VIDA SOCIAL ASI LO REQUIERE, Y QUE REALMENTE EL COITO, PUEDE SER UN ARMA DE DOS FILOS ES DECIR, QUE PORQUE SE ABURREN LAS PAREJAS A PESAR DE TENER COITOS.

PUES SENCILLAMENTE PORQUE LA VIDA, NO ES SOLAMENTE COITOS, PUES IMANGINENSE QUE TODO EL DIA ESTUVIÉSEMOS, DALE QUE TE PEGO, QUE QUEDARIA,

DONDE QUEDARIA EL RESTO DE NUESTROS VALORES,

HAY QUE PENSAR TAMBIEN EN OTRAS ACTIVIDADES, COMO EL COMER EL DISTRAERSE, VER COMO PASA EL TIEMPO Y DEMAS.

LAS VIDA ES UN CONJUNTO DE ACTIVIDADES, WENTRE ELLAS ESTA EL COMER, EL ALIMENTARSE PARA QUE NUESTRO CUERPO, FUNCIONE BIEN.

PERO LA VIDA TIENE ESA PECULIARIDAD, LA DE TENER, MUCHAS ACTIVIDADES, PARA QUE LA VIDA RESULTE MAS AMENA.

PERO EN ESTE LIBRO, QUE DEBEMOS ESPERAR DE LA VIDA, TRATA SOBRE LOS DIFERENTES PROBLEMAS QUE TIENE PLANTEADOS LA SOCIEDAD, SEGÚN MI CRITERIO Y EL DE UDS.

LA VIOLACION

ME HA PARECIDO INTERESANTE, INCLUIR EL TEMA DE LA VIOLACION, COMO PARTE DE LA VIDA MISMA.

LA VIOLACION ES UNA ALTERACION DEL ORDEN, ES UNA ALTERACION DE LA ETICA DE LA MORALIDAD, DE LOS PRINCIPIOS DE LOS SERES HUMANOS, TANTO HOMBRE COMO MUJERES Y DEMAS.

LA VIOLACION CONSISTE, EN ROMPER EL DERECHO A ELEGIR, DE UNA PERSONA, SIN MAS PREAMBULOS.

VIOLAR: ES UN DESEO MAL CONDUCIDO POR LA MENTE, YA QUE SE TRATA, DE UNA LUJURIA, ES LO QUE LA MENTE NOS ESTA PROPONIENDO EN UN MOMENTO DE NUESTRA VIDA, Y QUE NO DEBEMOS HACER, NI LLEVAR A CABO.

LA VIOLACION SE DA EN AMBIENTES EN QUE SE DA, LAS CONDICIONES IDONEAS PARA ELLO MISMO, COMO EN UN ESTADO DE EMBRIAGUEZ, CUANDO UNA PERSONA HA PERDIDO LA RAZON, PUES ES MAS PROBABLE QUE SE DE, LA VIOLACION YA QUE LA PERSONA O PERSONAS, QUE EJECUTAN EL ACTO DE VIOLAR NO SON CONSCIENTES DE ELLO.

PARA ELLO NECESITAN OLVIDAR O NO RECORDAR, LOS TRAUMAS, QUE LA VIDA. LOS HA ENVUELTO.

PERO SI MIRAMOS BIEN, CUANDO SE PRODUCE UNA VIOLACION, CREO QUE DICHA VIOLACION, PUEDE SER POR AMBAS PARTES YA QUE LA PERSONA, DE CUALQUIER SEXO, NO VIOLA, SI NO TIENE UN MOVIL.

ME EXPLICO, APARTE DEL ESTADO DE EMBRIAGUEZ, HABRIA QUE PREGUNTAR A ESA PERSONA O PERSONAS PORQUE. HAN TRANSPASADO; LOS LIMITES DE LA CONCIENCIA.

POR DURO QUE PAREZCA, LA VERDAD A VECES PUEDE SER MUY DISTINTA A LA REALIDAD, O LO QUE NOS HAN HECHO CREER.

PARA QUE SE DE LA VIOLACION, SOLO BASTA CONQUE UNA DE LAS PARTES, NO ESTE DE ACUERDO, YA QUE ESTA IRRUMPIENDO EN EL TEMPLO DE SU SER.

ADEMAS NO TIENE PÒRQUE SER; VIOLACION SEXUAL, TAMBIEN SE VIOLAN MUCHAS COSAS EN LA VIDA COTIDIANA Y SIN EMBARGO, ESO NO SE PENALIZA, NI POR LO CIVIL, NI POR LO MORAL, ENTONCES ACLAREMOS LAS COSAS.

COMO HEMOS DICHO QUE, HOY EN DIA SE VIOLAN SIEMPRE LOS DERECHOS DE LAS PERSONAS, BIEN EN UN ASPECTO O EN OTRO, Y SIN EMBARGO NO PASA NADA, ,

TAMBIEN SE PUEDE VIOLAR, CON EL PENSAMIENTO QUE ESLO MAS USUAL.

SI NOSOTROS DESEAMOS, POR DECIR; A UNA MUCHACHA O MUCHACHAS QUE VEMOS EN UN MOMENTO DE NUESTRA

VIDA Y DESEAMOS HACER EL AMOR CON ELLA ESTAMOS INFRINGIENDO ALGO O NO.

PUES POSIBLEMENTE ESTAMOS ACTUANDO CON ARREGLO A LO QUE NUESTRA MENTE NOS ESTA DICTANDO EN ESE MOMENTO DE NBUESTRA VIDA.

ADEMAS NO CREO QUE SEA TAN GRAVE EL VIOLAR, YA QUE EL VIOLAR ES DESEO Y EL DESEO PARTE DE LAS DOS PARTES, CUANTAS VECES CREO QUE MUCHAS SITUACIONES DE VIOLACION HAN SIDO ABSUELTAS POR FALTA DE COHERENCIA,

YA QUE LAS DOS PARTES, HAN DISFRUTADO DEL ACTO SEXUAL, Y QUE SI NO SERIA ASI, POSIBLEMENTE, NO SE HUBIESE DADO NUNCA ESE CASO.

NO ES VERDAD QUE EN EL ACTO SEXUAL, LOGICAMENTE ESTA HECHO, PARA EL DISFRUTE DE LAS DOS PERSONAS, PUES YO NO VEO EL PROBLEMA CUANDO HAY TANTAS Y TANTAS MUJERES, EN EL PLANETA TIERRA, QUE ESTAN SUSPIRANDO POR HACER EL AMOR, EL PROBLEMA RADICA, EN HACERLO CON QUIEN Y DONDE.

PERO BUENO YO CREO QUE HOY EN DIA, EL TEMA DE LA VIOLACION, QUE NO TIENE NADA QUE VER CON: EL MALTRATO QUE ESO, SI ESTA CASTIGADO POR LA CONCIENCIA, DECIA QUE EL TEMA DE LA VIOLACION, HA SOBREPASADO LOS LIMITES DE LAS PAGINAS AMARILLAS.

LAS DIMENSIONES

LAS DIMENSIONES FORMA PARTE DE LA TRAMA DE MI LIBRO QUE DEBEMOS ESPERAR DE LA VIDA

LAS DIMENSIONES SON PARTE, DE LA VIDA MISMA, OCURRIDAS NO EN DIFERENTES EPOCAS, YA QUE EL TIEMPO Y EL ESPACIO SON RELATIVOS

POR LO QUE CONSIDERAMOS QUE CUALQUIER COSA, O HECHO O SUCESO OCURRIDO EN UNA EPOCA, PUDO OCURRIR EN OTRA EPOCA PARALELA.

ME EXPLICO PARA QUE LO ENTIENDAN Y COMPRENDAN;

QUIERO DECIR QUE LAS MISMAS COSAS OCURREN EN LAS MISMAS CIRCUNSTANCIAS, EN OTRA DIMENSION.

O SEA QUE LA CLAVE SON LAS DIMENSIONES:

LO MISMO QUE ESTA OCURRIENDO AHORA EN ESTE MISMO INSTANTE, PUEDE OCURRIR

EN LA ANTIGUA GRECIA EN LA GRECIA DE ARISTÓTELES

EN LA ANTIGUA ROMA, EN LA ROMA DE CESAR AUGUSTO

EN LA EPOCA MEDIEVAL

EN LA REVOLUCION FRANCESA

Y ASI SUCESIVAMENTE,

Y AUNQUE ESTO NO ESTA COMPROBADO NO CIENTÍFICAMENTE, YA QUE YO NO ¡CREO EN LA CIENCIA, YA QUE TODO ES ENERGIA

PERO SI ES EVIDENTE QUE HAY TUNELES DEL TIEMPO, EN EL CUAL UNA MISMA PERONA O COSA, EN UNA EPOCA SE TRANSLADA A OTRA EPOCA ADELANTE O ATRÁS, EN EL LLAMADO TIEMPO

PERO TODO ESTO NO SE HA PODIDO COMPROBAR, PERO EXISTE ALGO QUE SE LLAMA CONCIENCIA O ALMA QUE ES LA QUE DETERMINA LAS COSAS Y LA DIVISIÓN, DEL ESPACIO TIEMPO

SI NOS DEJAMOS GUIAR POR LO QUE UNA PERSONA SIENTE:

PUES DIREMOS QUE NOSOTROS SOMOS LO QUE SENTIMOS, Y SI SENTIMOS ALGO, DE ALGUNMA FORMA TIENE QUE VER CON LO QUE SE LLAMA REALIDAD.

PERO REPITO QUE TODO ESTO ES HOLISTICVO LO ESCRIVO PORQUE ASI., LO SIENTO, Y SI LO SIENTO ES PORQUE ASI LO PERCIBO.

Y CUAL ES LA DIFERENCIA ESTRE PERCIBIR, Y LA REALIDAD.

PUES YO SINCERAMENTE, NO CREO EN LA REALIDAD, YA QUE PARA MI LA VIDA ES SUEÑO E ILUSION.

ENTONCES PORQUE CUANDO SOÑAMOS, PERCIBIMOS LAS COSAS, TODO ESTO QUE QUIERE DECIR, Y CUANDO DESPERTAMOS NOS OLVIDAMOS DE TODO, ESTO QUIERE DECIR QUE HEMOS ESTADO EN DIFERENTES DIMENSIONES.

SI SOÑAMPOS QUE HEMOS ESTADO EN LA PREHISTORIA, ESTO QUIERE DECIR QUE NUESTRA DIMENSION NOS HA TRANPORTADO A OTRA DIMENSION EN LA QUE ESTAMOS.

SI SOÑAMOS QUE DESEAMOS ALGO, POR EJEMPLO UNA MUJER, ESTAMOS DESEANDO UNA ILUSION

PERO BUENO YO SI CREO CONSCIENTEMENTE, QUE LA VIDA ESTA FUNDADA EN DIMENSIONES, QUE NOS TRANSPORTA DE UN LADO A OTRO.

ENTONCES CUAL SERIA LA TONICAS DE LA VIDA O LA ESTRATEGIA A SEGUIR, PUES SENCILLAMENTE SER UNO MISMO Y HACER LO QUE NOS DICTA EL CORAZON O EL EL ALMA O LA CONCIENCIA YA QUE DE ESTA MANERA SEREMOS NOSOTROS MISMOS Y POR LO MISMO OBTAREMOS A LA FELICIDAD TAN DESEADA POR LOS SERES HUMANOS.

SI ASI OCURRE TODO ESTA BIEN, PERO DESGRACIADAMENTE EL SER HUMANPO NO ES CONCIENTE, DE SU SITUACIÓN, ACTUA POR IMPULSO Y POR INSTINTO,:

SI HACEMOS EL AMOR ES POR EYACULAR, NO POR EL AMOR MISMO.

SI DESEAMOS ALGO COMO UN COCHE O UNA VIVIENDA NO ES POR NOSOTROS MISMOS ES POR NUESTRA VANIDAD Y NUESTRA FRIVOLIDAD.

LA MAYOR PRUEBA LA TENEMOS EN LA REALIDAD CONSCIENTE O INCIONSCIENTE DE NUESTROS DIAS,:

DIGANME: PORQUE SE SEPARAN LAS PAREJAS, SEGÚN LAS ESTADÍSTICAS, MAS DE LA MITAD DE LAS PAREJAS DEL PLANETA TIERRA, SE SEPARAN. PORQUE SUCEDE TODO ESTO:

PUES SENCILLAMENTE NO HAY AMOR SOLO HAY SEXO, HAY ORGASMO. PERO TODO ESTO NO DEBERIA SER ASI, YA QIUE SON LOS HIJOS LOS QUE PAGAN EL PLATO ROTO DE LOS ERRORES DE SUS PADRES.

PERO BUENO NO PODEMOS JUZGAR ALGO, QUE NO NOS CORRESPONDE, ES LA VIDA MISMA LA QUE LE CORRESPORDE TODO ESTO

PERO ME HE SALIDO UN POCO DEL TEMA YA QUE ME PARECIA SUMAMENTE IMPORTANTE COMENTAR TODO ESTO.

LAS ENTIDADES BANCARIAS

LAS ENTIDADES BANCARIAS, FORMA PARTE DE LA TRAMA DE ESTE LIBRO, YA QUE EL ASPECTO ECONOMICO, TIENE MUCHO QUE VER CON EL COMPOPRTAMIENTO HUMANO, Y DE LA VIDA.

LAS ENTIDADES BANCARIAS SON ENTIDADES DE LUCRO, QUE ESTAN O EXISTEN POR Y PARA EL DINERO,

LA FORMA DE ESPECULAR CON EL DINERO ES MUY EXTRAÑA, YA QUE EL DINERO DE LOS CONTRIBUYENTES, ELLOS LO PUEDEN MANEJAR.

PERO SIN ENBARGO, SI NOS PONEMOS DEL OTRO LADO, YA LA COSA CAMBIA;

IMAGINEMOS QUE NECESITAMOS, VEINTE EUROS, QUE POR CIRCUNSTANCIAS DE LA VIDA NOS HEMOS QUEDADO, SIN DINERO, PARA TERMINAR EL MES.

PUES ACUDIMOS AL BANCO COMO ENTIDAD FINANCIERA, CON LA CUAL LLEVAS DEPOSITANDO EL DINERO, TU DINERO, POR VARIOS AÑOS,

PERO SIN ENBARGO TE ENCUENTRAS, CON LA SORPRESA DE QUE EL BANCO NO TE PUEDE PRESTAR, EL DINERO POR UNOS DIAS, ENTONCES COMO HABRIA QUE VALORAQR TODO ESTO,

QUE HABRIA QUE PÈNSAR QUE UNA SERIE DE PERSONAS, QUE ESTAN DISPONIENDO DEL DINERO, QUE TU DEPOSITAS MENSUALMENTE, NO TIENE NINGUNA FINALIDAD.

PUES CREO, QUE LA VERDAD, SI MIRAMOS LOS ESTUDIONS RECIENTES Y LAS GANANCIAS TAN LUCRATIVAS QUE HAN TENIDO LOS BANCOS, ES COMO PARA QUITARSE EL SOMBRERO Y PREGUNTARLES COMO LO HACEN,

EVIDENTEMENTE EL DINERO ATRAE EL DINERO, Y LA POBREZA ATRAE A AL PÒBREZA.

CUANTAS Y CUANTAS FAMILIAS DESPROTEGIDAS, DE LA BRUTALIUDAD SOCIAL Y ECONOMICA, EN LA CUAL SE VEN ENVUELTAS, SE VEN EN UNA SITUACION, DESESPERANTE.

PUES CREO: QUE LA SOCIEDADES FINANCIERAS O SEA LOS BANCOS, ESTAN PARA LO QUE ESTAN Y QUE NADIE SE CONFIE, QUE SI SE TIENE DINERO, PUES ESTA BIEN, PERO SI NO SE TIENE, LA VERDAD, SE PRODUCE UNA SITUACION DE PELICULA.

ENTONCES LO QUE CREO QUE DEBERIA SER QUE HABRI LA FORMA DE FINANCIAR LO QUE SE TIENE QUE FINANCIAR, , SIN DEPENDER TANTO DE LOS BANCOS

YO POR EJEMPLO ESTOY TRATANDO DE LLEVAR AL MERCADO MI QUINTO LIBRO CON MUCHO ESFUERZO YA QUE NO TENGO RECURSOS, Y NECESARIAMENTE NECESITO DEL FINANCIAMIENTO,

ES POR ESO QUE LAS COMPAÑIAS EDITORIALES AL IGUAL QUE LOS BANCOS, SOLO SE PREOCUPAN DEL ASPECTO FINANCIERO, AUNQUE TENGO QUE RECONOCER QUE MI EMPRESA, HA ESTADO A LA ALTURA DE LAS CIRCUNSTANCIAS, CON LA PUBLICACION.

PERO VOLVIENDO AL TEMA CENTRAL DE QUE DEBEMOS ESPERAR DE LA VIDA,

PUES UNA DE LA COSAS QUE NO DEBEN ESPERAR ES EL APOYO O AYUDA DE LAS ENTIDADES FINANCIERAS, QUE COMO YA SABEMOS SOLO ESTAN PARA LUCRARSE.

PERO LLEGARA UN DIA EN QUE LOS BANCOS Y ENTIDADES FINANCIERAS, ESTEN FUERA DEL CONTEXTO, Y QUE REALMENTE NO SE NECESITARAN DE ELLAS.

PARA ELLO HABRIA QUE DESMANTELAR, INFINIDAD DE INMUEBLES. Y ESTRUCTURAS, COMO DICIENDO: ESTO PERTENECIO AL PASADO

LAS IDEAS

HAY QUE PODEMOS DECIR DE LAS IDEAS, QUE SON LA CLAVE DEL MOVIMIENTO SOCIAL ECONOMICO, Y HASTA DE LAS RELACIONES DE PAREJA.

SI POR EJEMPLO UNA PERSONA EJECUTA UNA IDEA ES PORQUE LA CONSIDERA VIABLE, Y ADEMAS ES PERCEPTIBLE DE REALIZARSE.

SI NOSOTROS EN NUESTRA VIDA COTIDFIANA USAMOS NUESTRA IDEAS PARA APOYARNOS EN ALGO QUE NOS PUEDE PROPORCIONAR NUIESTRA VIDA O NUESTRA FORMA DE VIVIR, ES PORQUE ASI LO CONSIDERAMOS

NUESTRA VIDA ES BASICAMENTE NUESTRAS IDEAS, NOS MOVEMOS A TRAVES DE LA IDEAS,

NECESITAMOS NUESTRA IDEAS, YA QUE ES NUESTRA FILOSOFIA DE VIDA, A TRAVES DE LAS IDEAS DE LOS PENSAMIENTOS SE CONOCE A LA RAZA HUMANA,

A TRAVES DE LAS IDEAS SE CONOCE A LAS PERSONAS,;

SI UNA PERSONA PIENSA Y COMO PIENSA A TRAVES DE LES PENSAMIENTOS

SI UN PERSONA ESTA PREPARADA, BIEN A TRAVES DEL ESTUDIO, O DE LA EXPERIENCIA QUE LA HA PROPORCIONADO LA VIDA.

UTILIZAMOS NUESTRA IDEAS NUESTROS PENSAMIENTOS PARA TODO.

SE PODRIA DECIR QUE NUESTRA VIDA GIRA EN TORNO A NUESTRAS IDEAS A NUESTROS PENSAMIENTOS.

UNA BUENA IDEA ES EL RESULTADO A VECES DE MUCHOS AÑOS DE ESTUDIO Y PREPARACION.

.COMO A MI ME SUCEDIÓ HACE POCO MAS DE UN AÑO, QUE UN BUEN DIA ME PUSE A ESCRIBIR, Y YA VOY POR MI QUINTO LIBRO,

TODO ESO SE DEBIO A UNA BUENA IDEA QUE ME VINO A LA MENTE, Y COMO ME VINO A LA MENTE, ESA IDEA, PUES YO LA LLAMO MOMENTO DE LUZ O GLORIA.

QUE ES EL MOMENTO QUE UNA PERSONA VISUALIZA, ALGO O ALGUIEN QUE LE MARCA PARA TODA LA VIDA. ESA ES LA DIFERENCIA ENTRE LOS SERES HUMANOS.

Y RESPECTO A MI YO NO SE SI LA VIDA ME DARA LA OPORTUNIDAD DE, HACER ALGO DENTRO DE LAS LETRAS, PERO LA VERDAD NO ME VOY A QUEDAR CON LA DUDA,

COMO SUELEN DECIR, NO HAY PEOR LUCHA QUE LA QUE NO SE HACE.

Y SI UN DIA ME LLEGA UN PREMIO, ESO ES LO QUE TENGO DE GANANCIA, GANANCIA QUE SE LA TENGO QUE AGRADECER, A LA ENERGIA UNIVERSAL QUE A MI ENTENDER ME DIO LA OPORTUNIDAD DE CONCEBIR ESA IDEA Y MATERIALIZARLA,

DESPUES DE MUCHOS AÑOS ESTUDIANDO Y PREPARANDOME, AL FINAL ME LLEGO LO QUE ME TENIA QUE LLEGAR.

PERO NO QUIERO SER PRESUNTUOSO, SOLO QUIERO SER HUMILDE, CONTRIBUIR A QUE LA HUMANIDAD VIVA CON RESPESTO A LO QUE SIENTE O PIENSE, .

CREO QUE ES REALMENTE IMPORTANTE QUE TODO ESTO OCURRA, QUE LOS SERES HUMANOS SEAN LIBRES, PARA PENSAR, PARA DECIDIR, PARA SENTIR, PARA EMOCIONARSE,

SEAN ELLOS MISMOS SEAN NATURALES, SENCILLOS CON CIERTO GRADO DE HUMILDAD, QUE CREO QUE ASI DEBE SER LA HUMANIDAD.

YO SE QUE TIENE QUE HABER DE TODO Y PARA TODO, POR LA DIVERSIDAD DE POBLACION, POR LA RIQUEZA DE POBLACION, PARA QUE HALLA MAYOR CONTRASTE, ENTRE LOS SERES HUMANOS YA QUE A TRAVES DE LOS CONTRASTES SE DA LA RIQUEZA DE UN PAIS, DE UNA NACION, DE UN PLANETA.

PERO BUENO YO CONOCI A UNA PRECIOSA MUCHACHA DE COLOR POR INTERNET, Y ME ENCONTRE CONQUE ESA MUCHACHA ESTABA ESCLAVIZADA, CON SU DESTINO, ESTABA CONCRETAMENTE EN UN CAMPO DE REFUGIADOS EN EL SENEGAL, A LA ESPERA QUE PUDIESEN LIBERARLA, Y YO ME OFRECI A HACERLO, QUE LES PARECE LA IDEA, PORQUE ESA SOLO FUE UNA IDEA, QUE PARTIO, DEL FONDO DE MI ALMA Y DE MI CORAZON.

LAS RELACIONES SEXUALES

LAS RELACIONES SEXUALES CREO QUE SON IMPORTANTES, PARA COMENTAR EN ESTE LIBRO, YA QUE CUENTA CON LOS INGREDIENTES DE LA HISTORIA.

LAS RELACIONES SEXUALES, SON EL ELEMENTO SUSTANTIVO DEL SER HUMANO, GRACIAS A LAS RELACIONES SEXUALES, ESTAMOS EN EL PLANETA TIERRA.

COMO TIENEN QUE SER LAS RELACIONES SEXUALES, YA CADA UNO TIENE SU PROPIA FILOSOFIA DEL SEXO Y DE COMO SE DEBE HACER EL SEXO.

EL SEXO PUEDE SER DE DIFERENTE MANERA, BUENO EL PROPOSITO O LA FINALIDAD ES LA MISMA, TENER UN ORGASMO.

PERO BUENO,

ANALICEMOS UN POCO, EL CAPITULO DEL ORGASMO.

PARA QUE DOS PERSONAS TENGAN SEXO, ES CONVENIENTE, QUE TENGAN, COMO MINIMO UNA RELACION O AMISTAD.

LA RELACION ES MUY PLACENTERA, MIENTRAS DURA, ES COMO UNA IMAGEN QUE SE PASA EN BREVES SEGUNDOS DE PLACER, EN EL CUAL Y DEPENDIENDO DEL MOMENTO TANTO EL HOMBRE COMO LA MUJER DISFRUTAN AL MAXIMO.

PERO BUENO VAMOS A VER PORQUE NOS ATRAE TANTO EL SEXO, ES HOMONAL, ES SEXUAL, ES GENETICO ES HEREDITARIO, PERO EL HECHO: ES QUE DESDE EL PRIUNCIPIO DE LA HUMANIDAD, EL HOMBRE Y LA MUJER SE SIENTEN ATRAIDOS SEXUALMENTE,

POR SERA ESA ATRACION, PORQUE SERA, SERA EMOCIONAL, PORQUE NOS ATRE TANTO LA VAGINA DE LA MUJER Y SUS PECHOS Y LUEGO CUANDO ESTAMOS CON ELLAS, LOS DESESTIMAMOS

ELLAS ESTAN EN LA MISMA CIRCUNSTANCIA, LES ATRE EL PENE, SE PIENSAN QUE EL PENE, ES LA GLORIA, SI MIRAR OTROS ASPECTOS DE LA PERSONA, O SEA QUE EL FISICO ES LO QUE PREVALECE. O SEA QUE UN TIPO PUEDE ESTAR BIEN O MAL PERO LO QUE FUNCIONA ES SU ASPECTO FISICO, Y A TRAVES DE ELO DEDUCEN QUE TIENE UN PENE, GRANDE.

SI LO VEMOS FRIANMENTE: VEREMOS QUE NO ES PARA TANTO, AUNQUE TENGO QUE ADMITIR QUE LA SENSACION Y LA EMOCION DE ESTAR EN PLENO COITO, ES MARAVILLOSA, PERO ESE MOMENTO ES TAN BREVE, QUE APENAS SE DISFRUTA

OTRO ASPECTO DE LA PERSONA RADICA EN SU VALORACION COMO PERSONA, , EN QUE ESTIBA, QUE UNA PERSONA SE FIJE EN OTRA O SE SIENTA ATRAIDO POR OTRA,

BUENO CREO QUE ENTRAMOS YA A VALORAR EL ASPECTO ESPIRITUAL DE LA PERSONA, ESTO QUIERE DECIR QUE SI LA PERSONA TANTO HOMBRE COMO MUJER NO CONECTAN

ESPIRITUALMENTE, PUES CREO QUE LAS POSIBILIDADES SON MUY POCAS

PERO SI CONECTAN LAS PUERTA ESTARA ABIERTA, YO HE TENIDO VARIAS RELACIONES A LO LARGO DE MI VIDA Y LES DIGO QUE SE PUEDE HACER EL AMOR, POR SEXO O SEA POR PLACER O POR AMOR ESPIRITUAL.

EL AMOR ES MAS RECOMENDABLE YA QUE EL SEXO, SOLO DURA POCOS SEGUNDOS, Y LUEGO NOS QUEDA UNA SENSACION DE VACIO, QUE NO LO AGUANTAMOS.

MIENTRAS TANTO EL AMOR ES MAS DURADERO, LA SENSACION DE QUERER ESTAR CON LA PERSONA AMADA, LA SENSACION DE CONVERSAR DE PARTICIPAR EN LA VIDA, QUE ES TU VIDA, ESO VALE MUCHO, CREO QUE LO ES: TODO.

PERO BUENO LUEGO TENEMOS EL SEXO POR DINERO, O SEA CARENTE DE AMOR, SOLO DESEO. PUEDE FUNCIONAR MIENTRAS NO TENGAS OTRAS ESPECTATIVAS DE LA VIDA, PERO SI PIENSAS REALMENTE EN LA VIDA MISMA PIENSO QUE NO SIRVE.

LES COMENTO ESTO PORQUE YO CUANDO ERA JOVEN, SOLIA TENER RELACIONES CON PROSTITUTAS, Y LA VERDAD CREO: QUE SOLO FUE UNA EXPERIENCIA QUE ME APORTO LA VIDA.

PERO LAS MEJORES RELACIONES, QUE HE TENIDO HAN SIDO: CON PÈRSONAS CON LAS CUALES HE SENTIDO ALGO, YA QUE EL AMOR Y LAS SENSACIONES SON MAS INTENSAS CON PERSONAS QUE HE QUERIDO DE ALGUNA FORMA Y MANERA.

LO HOLISTICO

LO HOLISTICO FORMA PARTE DEL TEMA DE NUESTRO LIBRO QUE DEBEMOS ESPERAR DE LA VIDA.

LO HOLISTICO EN SINTESIS ES LO OCULTO.

ES LO DESCONOCIDO

ES LO QUE SE SIENTE Y NO SE VE.

SE PUEDEN DECIR MUCHAS COSAS ACERCA DE LO QUE SENTIMOS, PERO ES IMPORTANTE DIFERENCIAR ENTRE QUE ES LO QUE SE SIENTE Y QUE ES LO QUE PERCIBIMOS.

LO QUE SE SIENTE, ES COMO, UNA TRANSFIGURACION DE LA COSAS, NOSOTROS SENTIMOS LAS COSAS PERO NO LAS VEMOS

SENTIMOS LAS COSAS PORQUE ASI, ES EL ESQUEMA DE LA ENERGIA.

NOSOTROS SENTIMOS QUE HACER Y NO HACER GRACIAS A LA PERCEPCION DE LA ENERGIA A TRAVES DE NUESTRA CONCIENCIA O NUESTRA ALMA.

O SEA QUE SE PODRIA DECIR QUE EL MUNDO O LA VIDA ES EL DESTINO EN QUE LAS PERSONAS NOS VEMOS INMERSOS, OSEA QUE LAS COSAS NO SON POR CASUALIDAD, SI NO QUE YA TIENEN UN DESTINO DETRÁS.

ESE DESTINO ES MOVIDO: POR LA ENERGIA, DE LAS PERSONAS, QUE LLEVAN EN SU CONCIENCIA Y QUE NOS PERMITE DIFERENCIAR, LO QUE ESTA BIEN DE LO QUE NO LO ESTA, .LO QUE ESTA MAL O NO LO ESTA.

SI NOSOTROS HACEMOS UNA BUENA, ACCION Y LLAMO BUENA ACCION EN EL SENTIDO DE LA PALABRA, ES PORQUE ASI NUESTRA CONCIENCIA LO DICTA.

QUIERE DECIR ESTO QUE NO TENEMOS LIBRE ADBEDRIO, PUES SI LO TENEMOS, PERO EN PEQUEÑAS PROPORCIONES O PORCENTAJE.

QUIERE DECIR ESTO QUE SOMOS UNN INSTRUMENTO EN NOMBRE DE LA ENERGIA O DE LA CONCIENCIA, PUES LA VEDAD NO LO SE.

SI DIGO O ESCRIVO TODO ESTO, ES PORQUE ASI LO SIENTO, Y SI LO SIENTO ES POR ALGO.

PERO TODOS SERES HUMANOS EN NUESTRA CONDICION DE HUMANOS TENEMOS LA CAPACIDAD DE DECIDIR, AL MARGEN DE LO HOLISTICO.

PERO ES REALMENTE DIFICIL, DECIDIR: CUAL ES LA FRONTERA ENTRE LO HOLISTICO Y LO HUMANO.

PERO LO QUE SI ESTA CLARO Y ESPERO QUE LES HALLA QUEDADO CLARO, QUE ESTAMOS. O SOMOS SERES: DEPENDIENTES DEL DESTINO.

PERO SI LA VIDA ES IGUAL PARA TODOS SERES HUMANOS
PORQUE LA DIFERENCIA TAN GRANDE ENTRE LOS MISMOS,
PORQUE HAY GENTE CON RECURSOS Y GENTE MURIENDOSE
DE HAMBRE.

AYER MISMO ME LLEGO UNA REVISTA DE MEDICOS SIN
FRONTERAS, EN LAS CUALES SE MENCIONABAN LOS CRIMENES
HUMANOS, QUE SE COMETEN EN AFRICA, PARTICULARMETE EN
AFRICA, Y ORIENTE PROXIMO.

DIGANME QUE LES PARECE, PIENSAN QUE EL MUNDO ES UN
EQUILIBRIO, PIENSAN QUE EL MUNDO ES DE UNOS POCOS,
ENTONCES PORQUE PARTICIPAMOS EN EL FESTIVAL DE LA VIDA.
Y DE LA NADA

PERO SI LO HOLISTICO, ESTA HAY, PORQUE ESTA HAY, YA QUE
HAY VARIA DIMENSIONES, ENTRE ELLAS SE ENCUENTRA LA
ESPIRITUAL, QUE FUNCION REAL, TIENE EL SER HUMANO.

LOS BANCOS

LOS BANCOS, INSTITUCIONES FINANCIERAS, QUE DIRIGEN NUESTRO MUNDO, HE QUERIDO INCLUIRLO EN ESTE LIBRO YA QUE ME PARECE INTERESANTE.

LOS BANCOS COMO DECIA: SON INSTITUCIONES DE LUCRO, QUE SE DEDICAN HA OBTENER EL DINERO A TRAVES DE LOS CONTRIBUYENTES Y LA GENTE, PARA SU LUCRO Y BENEFICIO.

UNA ENTIDAD BANCARIA, ES AQUELLA QUE SUPUESTAMENTE ADMINISTRA EL DINERO DE LOS CONTRIBUYENTES, PARA SU BENEFICIO Y LUCRO, YA, QUE DE TODO, SACAN PARTIDO, Y NO LES VALLAS A PEDIR DINERO, PORQUE LA NEGATIVA, ESTA EN LA MESA.

ESTO ME HACE RECORDAR LAS VECES QUE IDOO A PEDIRLES UN DESCUBIERTO DE VEINTE EUIROS Y ME LO HAN NEGADO NO LE IMPORTABA, LA SITUACION DE LA GENTE QUE LO HACIA, Y ADEMAS HE NOTADO Y HE OBSERVADO QUE, HOY EN DIA ESTAN OCUPANDO LOS PUESTOS

BANCARIOS, GENTE FEMENINA, QUIZAS ES, PORQUE SON MAS LISTAS Y LES GUSTA MAS EL DINERO QUE A LOS HOMBRES, PERO EL CASO ES QUE LAS VECES QUE HE IDO SOLICITANDO AYUDA DE VEINTE EUROS ME LO HAN NEGADO PERSONAL

FEMENINO, QUIZAS POR INICIATIVA DEL BANCO, QUIZAS POR INICIATIVA SUYA, PERO EL CASO ES ALGO ME GUSTARIA AVERIGUAR YA QUE YO LLEVO TRABAJANDO CON EL BANCO MUCHOS AÑOS Y JAMAS ME HAN PRESTADO LA MINIMA AYUDA.

PERO BUENO, SI ESA ES, SU FILOSOFIA SERA POR ALGO O POR ALGUIEN, DIGANME UDS QUE SERA, PORQUE LO HACEN.

PUES LA VERDAD ES QUE: ES UNA IMPRESIÓN MUY POBRE, YA QUE TODOS LOS PROBLEMAS PLANTEADOS POR UN PAIS O NACION PROVIENEN DEL MUNDO BANCARIO, YA QUE NUNCA SON CAPACES, DE ARRIESGAR ALGO EN FAVOR DEL CONTRIBUYENTE. O DE LAS EMPRESAS.

PERO SIN EMBARGO CUANDO HAN TENIDO UN PROBLEMA DE LIQUIDEZ, RECURREN AL ESTADO, O AL BANCO CENTRAL, PARA SU RECONVERSION, QUE LISTOS NO?

PERO BUENO SEAMOS SENSIBLES A ESTE PROBLEMA QUE TANTO AFECTA, A LA COMUNIDAD ESPAÑOLA Y DEL SISTEMA PLANETARIO,

LOS RECURSOS DEL PLANETA TIERRA ESTAN EN MANOS DEL HEMISFERIO NORTE, QUE SUPUESTAMENTE, DAN AYUDA AL HEMISFERIO SUR, PERO ESTO NO ES ACAMBIO DE NADA, YA QUE LOS PAISES DEL TERCER MUNDO, CARENCEN DE RECURSOS,

PERO LO MAS GRAVE DEL CASO ES NADIE SE MOJA, NI HACE NADA, PORQUE HAY MUCHA MISERIA EN EL PLANETA Y NADIE EXCEPTUANDO LAS ONG, ESTAN HACIENDO BNADA PORQUE ESA MISERIA ESA HAMBRE, DESAPAREZCA DE LA FAZ DE LA TIERRA.

SIN EMBARGO LAS GRANDES MULTINACIONALES Y LOS GRANDES BANCOS, SE DEDICAN A LLENARSE LOS BOLSILLOS, QUE AL FIN Y AL CABO, ESE DINERO SALDRA, DE ALGUNA PARTE, Y DE ALGUN SITIO.

PERO MIREN, YO NO VOY A JUZGAR A NADIE, ALLA CADA UNO CON SU CONCIENCIA, SI ES QUE LA TIENEN, PERO PIENSEN QUE LA VIDA: ES MUY SABIA Y EN ESTA VIDA, TODO SE PAGA.

O SEA QUE TODO ES KARMA.

OTRA COSA QUE QUIERO COMENTARLES PORQUE: EL MUNDO FINANCIERO SE MUEVE A TRAVES DE LAS BOLSAS, UDS NO CREEN QUE ESO ES UN CIRCO, QUE PASA CON EL DINERO REAL, QUE HACE POSIBLE LA CONVIVENCIA, ENTRE LOS SERES HUMANOS,

Y DONDE ESTA EL BIENESTAR QUE TANTO MANEJA LA GENTE, QUE OCUPA CARGOS PUBLICOS, DONDE SE QUEDA, TODA ESA GENTE, QUE NO TIENE NI PARA COMER, QUE NO TIENEN NI PARA LLEGAR A FINALES DE MES, SEÑORES QUE HACEMOS CON TODO ESTO.

PUES CREO QUE LA VERDAD, UN PAIS PUEDE ESTAR EN CRISIS, PERO LOS RESPONSABLES, LOS VERDADERAMENTE RESPONSABLES, ALGUN DIA TIENE QUE RENDIR CUENTAS ANTE LA JUSTICIA DIVINA Y HUMANA.

LOS PENSAMIENTOS

LOS PENSAMIENTOS HERMOSA Y DIVINA PALABRA QUE ENCIERRA TODO EL MISTERIO DE LA VIDA.

SIGUIENDO CON LA SECUENCIA DE LA TRAMA DE LA NOVELA, QUE DEBEMOS ESPERAR DE LA VIDA, PUES CONTINUAMOS CON LOS PENSAMIENTOS.

LOS PENSAMIENTOS, ES COMO UNA SENSACION QUE TE PERMITE RETENER EN EL CEREBRO, VIVENCIAS DE LO QUE CONSIDERAMOS EN UN MOMENTO DADO QUE PODRIA SER AUNQUE NO LO SEA.

ME EXPLICO YO PUEDO PENSAR MUCHAS COSAS, PERO LA REALIDAD ES MUY DISTINTA.

PUEDO PENSAR QUE DESEO ESTAR CON UNA MUCHACHA, Y SIN EMBARGO LA REALIDAD DISTA DE MIS PENSAMIENTOS.

LOS PENSAMIENTOS, SIRVEN PARA DAR IDEAS A NUESTRA MENTE.

PERO SIN DUDA ALGUNA, QUE SON LA BASE DE NUESTRA EXISTENCIA, Y CONVIVENCIA.

A TRAVES DE LOS PENSAMIENTOS QUE PUEDEN SER IDEAS ELABORADAS, SE HA ESCRITO LA HISTORIA, SE HAN HECHO POSIBLE MUCHAS COSAS, QUE DE OTRA, MANERA NO HUBIESE SIDO POSIBLE.

CON LOS PENSAMIENTOS CONFORMAMOS: LO QUE ES NUESTRA VIDA COTIDIANA.

A TRAVES DE ELLOS ELABORAMOS, LO QUE PUEDE SER NUESTRA VIDA, DIA A DIA.

NOSOTROS CUANDO NOS LEVANTAMOS DE LA CAMA, INCLUSO CUANDO ESTAMOS DURMIENTO, ESTAMOS ELABORANDO IDEAS, A TRAVES DE LOS PENSAMIENTOS.

NOSOTROS CUANDO VAMOS A TRABAJAR O TOMAMOS NUESTRO PRIMER CAFÉ, ESTAMOS PENSANDO SIEMPRE ESTAMOS PENSANDO, ES LA FACULTAD DEL SER HUMANO.

CUANDO EMPRENDEMOS UNA ACCION, CUANDO ESTAMOS TRABAJANDO SIEMPRE ESTAMOS, CON LA MENTE EN NUESTROS PENSAMIENTOS.

ES COMO SI FUESE UNA CAMARA FOTOGRAFICA, EN LA CUAL NOS PRESENTASE, EL ESTUDIO DE LO QUE DEBE SER, O COMO QUEREMOS QUE FUESE.

LOS PENSAMIENTOS PUEDEN SER POSITIVOS O NEGATIVOS,

SI TENEMOS PENSAMIENTOS POSITIVOS, CREO QUE LA VIDA NOS VA A RECOMPENSAR, YA QUE NO SOLO, ESTAMOS APOYANDO NUESTRAS IDEAS, NUESTROS PROPOSITOS, SI NO QUE ESTAMOS ELABORANDO UN PLAN PARA AYUDAR A NUESTRO ENTORNO.

SI POR EL CONTRARIO ELABORAMOS PENSAMIENTOS
POSITIVOS PUES LA VERDAD ES MUY DIFICIL, SABER, QUE PÙEDE
SER DE ESAS PERSONAS, QUE ESTAN PARANOICAS TODO
EL DIA, POSIBLEMENTE ACABARAN ENFERMAS. Y AL FINAL
SE DARAN CUENTA QUE NO VELIO LA PENA, PASAR TANTO
DESORDEN EMOCIONAL PARA NADA.

PUES LA VIDA ES LA VIDA EN SI, SI TOMAMOS LAS COSAS
BUENAS, PUES NOS IRA TAN BIEN QUE, NO SABREMOS QUE
HACER.

PERO DEPENDE EN CIERTA MANERA DE NUESTRA ACTITUD
HACIA LA VIDA,

QUEREMOS DECIR LA VIDA, QUE UNO MISMO DE CUIDAR SU
ENERGIA, PARA QUE NO HALLA PROBLEMAS.

SI INCONSCIENTEMENTE TOMAMOS LA VIDA, A LA LIGERA PUES
ASI, NOS VA A IR.

PUES DEBEMOS, SER CONSECUENTES CON LO QUE SOMOS,
IGUAL ES ES QUE EL SER HUMANO NO ES MUY LIBRE PARA
HACER, CIERTAS COSAS, PERO CREO, QUE PARA CUIDAR SU
ENERGIA SI, LO PUEDE HACER.

ES DECIR TENEMOS, COMO SERES HUMANOS, EL DEBER
DE CUIDARNOS, DE CUIDAR SI NUESTRA ENERGIA, ESTA
DONDE DEBE DE ESTAR, PARA QUE NO HALLA PROBLEMAS DE
ALTERACION EMOCIONAL

O SEA QUE LO QUE QUIERO DECIR, ES QUE EXISTEN LO QUE
LLAMAMOS: CHAKRAS: QUE SON, EN CIERTA MANERA LOS
QUE DIRIGEN LA CONDUCTA, ES DECIR QUE NUESTROS
CHAKRAS TIENEN QUE ESTAR DEBIDAMENTE ALINEADOS, PARA

QUE TENGAMOS CIERTO EQUILIBRIO, QUE NOS PROPORCIONE UN BIENESTAR.

YA PARA FINALIZAR DIREMOS QUE LA VIDA ES MUY SABIA Y SI LA VIDA NOS HA DOTADO DE PENSAMIENTOS, ES POR ALGO. ES PARA QUE SEAMOS, MEJORES PERSONAS Y SERES HUMANOS.

LOS PREJUICIOS

LOS PREJUICIOS, LO HE INCLUIDO EN ESTE LIBRO YA QUE ME PARECE, UN TEMA INTERESANTE, Y DE GRAN ACTUALIDAD.

LOS PREJUICIOS ES UN ATENTADO A LA MORALIDAD A LA ETICA, Y AL BIENESTAR DEL SER HUMANO.

LOS PREJUICIUOS SE DA, HOY EN DIA A GRAN ESCALA, DENTRO DE LA SOCIEDAD YA QUE DIFICILMENTE PODEMOS SER COMO SOMOS, EN REALIDAD Y MANIFESTARNOS COMO DEBEMOS MANIFESTARNOS.

LOS PREJUICIOS SE DA, PREFERENTEMENTE, EN LAS MUJERES, Y PARTICULARMENTE EN GENTE JOVEN, YA QUE EL MANIFESTARSE COMO NO SE ES, OCULTANDO LO MAS ELEMENTAL DEL SER HUMANO, ME PARECE UNA HECHO DE NUESTRA SOCIEDAD.

GENERALMENTE VAMOS POR LA VIDA MONSTRANDO, NUESTRA CARA MAS ALEGRE, POR EJEMPLO: CUANDO VAMOS A UNA DISCOTECA, O A UNA CAFETERRIA, DE ALTERNE, NOS VEMOS EN LA NECESIDAD DE MONSTRARNOS, COMO NO SOMOS EN REALIDAD.

PORQUE HACEMOS TODO ESTO PORQUE TENEMOS LA NECESIDAD DE LIGAR O MONSTRARNOS NUESTRO LADO

AMABLE, PARA ATRAER LA ATENCION DE LAS PERSONAS QUE ESTAN A NUESTRO ALREDEDOR.

PERO QUE PASA CUANDO, ESA SITUACION PASA A MAYORES Y SE LIGA Y LUEGO SE VA A LA CAMA, CON ESA PERSONA, ESTONCES ES CUANDO NOS MOMSTRAMOS COMO SOMOS, EN REALIDAD, CON NUIESTROS VIRTUDES Y DEFECTOS.

ESTO ME JHACE RECORDAR UN MUCHACHO QUE CONOCI HACE POCO, QUE SU MAYOR HOBBY, ERA LLEVARSE A LAS TIAS A LA CAMA, PERO QUE PASABA CUANDO SE ACABABA LA ATRACCION, EL DESEO, Y SE DABAN CUENTA QUE ERAN HUMANOS.

PUES LA VERDAD ESA ES, LA HISTORIA DE NUESTRA SOCIEDAD,

PERO EN NUESTRO INTERIOR, SABEMOS POSITIVAMENTE QUE, NUESTRO COMPORTAMIENTO DEJA, MUCHO QUE DESEAR.

PERO QUE PASARIA SI TODO ESTO NO OCURRIESE, PUES POSIBLEMENTE QUE SERIAMNOS MAS FELICES AL SER MAS NOSOTROS MISMOS, Y NO ANDARIAMOS, BUSCANDO COSAS, QUE SOLO EXISTEN; EN LA MENTE DE LAS PERSONAS.

PERO PARECE QUE ES NUESTRA FILOSOFIA DE VIDA, NO DIGO QUE TODAS LAS PERSONAS ACTUEN IGUAL O DE LA MISMA MANERA LO QUE PASA ES QUE, LA MAYORIA ASI: ES.

PERO VOLVIENDO AL TEMA QUIE NOS OCUPA, LOS PREJUICIOS ESTAN, LATENTES EN NUESTRA SOCIEDAD, SI ES PARA BIEN O PARA MAL NO SABEMOS Y POSIBLEMENTE NO LO SABREMOS NUNCA, YA QUE LA VIDA CAMBIA Y SE TRANFORMA, **CADA INSTANTE**, CADA MINUTO

PERO TAMPOCO VAMOS A FILISOFAR SOBRE EL COMPORTAMIENTO HUMANO ALLA CADA UNO CON SU MISTERIO, YA QUE LA VIDA ES UN MISTERIO.

Y SI NOS COMPORTAMNOS DE UNA MANERA U OTRA, PUES, PIENSO QUE ES POR ALGUNA RAZON, Y MOTIVO, QUE NOS HA IMPUESTO EL DESTINO.

PERO SI LES DIGO, QUE SI TODOS FUESEMOS MAS NATURALES Y SENCILLOS, YA QUE NO TENEMOS NADA QUE OCULTAR, PUES PIENSO QUE LA VIDA SERIA MAS SENCILA, SIN TANTAS COMPLICACIONES YA QUE CREO QUE A VECES NOS COMPLICAMOS LA VIDA,

NOS COMPLICAMOS LA VIDA, PORQUE QUEREMOS LO QUE NO TENEMOS Y CUANDO LO TENEMOS, LO DESECHAMOS O LO ALEJAMOS.

ESA ES LA NATURALEZA HUMANA U HOMINIDE, PERO PARA BIEN O PARA MAL ESTAMOS AQUÍ CUMPLIENDO UNA MISION,

ES LO MISMO, CUANDO QUEREMOS PRESUMIR, DE ALGO ANTE NUESTRA AMISTADES, PORQUE SE DA TODO ESTO, POR EJEMPLO, UN COCHE, UN PISO, Y DEMAS

PERO BUENO, YO YA LES HE DADO:MI OPINION, YA UDS SABRAN, LO QUE DEBEN HACER Y CUANDO.

LOS PREJUICIOS

LOS PREJUICIOS ES EL SIGUIENTE TEMA QUE NOS OCUPA, EN ESTE LIBRO:, QUE DEBEMOS ESPERAR DE LA VIDA.

LOS PREJUICIOS COMO YA LO SABEN ES UN ARTENTADO A LA MORALIDAD Y ALA ETICA DEL SER HUMANO,

TANEMOS PREJUICIOS PORQUE VIVIMOS EN FUNCION DEL QUE DIRAN Y POR EL QUE DIRAN, VIVIMOS EN FUNCION DE LA GENTE Y PARA LA GENTE.

HOY EN DIA, ES MUY NORMAL TENER PREJUICIOS, YA QUE EL SER HUMANO, ES UN SER, QUE CARECE: DE CRITERIO PROPIO,

EL TENER PREJUICIOS: EQUIVALE A NO SER, UNO MISMO, TAL Y COMO SE SIENTE,

SI NOS AFECTA TANTO Y TANTO LA PRESENCIA DE LAS PERSONAS QUE NOS ALTERAN NUESTRA FORMA DE SER, ES PORQUE ALGO, NO ESTA BIEN.

PERO A LA VEZ, NECESITAMOS DE LAS PERSONAS VIVIMOS EN UNA SOCIEDAD, Y ENTONCES DONDE ESTA EL PROBLEMA, DONDE ESTA LA CUESTION

O SEA QUE NECESITAMOS DE LAS PERSONAS PORQUE SOMOS SERES HUMANOS Y LA VEZ ESAS PÈRSONAS NOS PROVOCAN: UN CAMBIO EN LA ACTITUD, EN LA FORMA DE SER, DEL SER HUMANO, PARTICULARMENTE DE LAS MUJERES QUE SE TRSANSFORMAN ANTE LA SOCIEDAD Y LA MULTITUD, DESEAN SER OTRA PERSONA PERO A LA VEZ NO PUEDEN IGNORAR QUE SON ELLAS MISMAS.

ENTONCES EN QUE QUEDAMOS, YO SOLO SOY UN OBSEVADOR DE LA VIDA Y DEL PLANO DE LA SOCIEDAD, DEL COMPORTAMIENTO DE LOS SERES HUMANOS,

PERO VOLVIENDO AL TEMA QUE NOS OCUPA DE LOS PREJUICIOS, DIGANME PORQWUE UNA CHICA O UNA MUCHACHA CUANDO VA POR LA CALLE NO CONOCE A NADIE, ES QUE QUIZAS MENTALMENTE, SE SOBREESTIMA O SOBREVALORA, , ES QUE QUIZAS NO SON CONSCIENTES DE LO QUE SON Y COMO LO SON.

PORQUE EL COMPORTAMIENTO HUMANO ES DIFERENTE DEPENDIENDO DE DONDE ESTE Y CON QUIEN ESTE, NO ES LO MISMO, QUE ESTE: CON SUS AMISTADES O CON SU NOVIO O NOVIA: EN LA CAMA.

PERO VOLVIENDO AL TEMA PUES CREO QUE NO SE SI SÉRA NORMAL O NO CREO QUE LOS SERES HUMANOS TENEMOS MUCHO QUE APRENDER.

PIENSO Y CREO SINCERAMENTE, QUE NO HAY NADA COMO SER UNO MISMO Y SER UNA PERSONA VIRTUOSA, CREO QUE EN ESO CONSISTE: LA FELICIDAD O TIENE ALGO DE ELLA.

O QUIZAS CABE LA POSIBILIDAD DE QUE SOMOS ASI PORQUE EL DESTINO ASI. LO QUIERE, YA QUE DE LO CONTRARIO SERIA MUY MONOTONO Y ABURRIDO TODO.

PERO SI ACEPTAMOS LA VIDA COMO NOS TOCA VIVIR, ES PORQUE ESTAMOS CONFORME CON LA VIDA MISMA.

EN LA SOCIEDAD ACTUAL TENEMOS: UNA VARIEDAD INFINITA, DE CARACTERES, FORMAS DE SER, DE SENTIR, Y DE EMOCIONARSE, QUIZAS ESE SEA: EL JUEGO DE LA VIDA

SI ESO ES LO QUE DA RIQUEZA A NUESTRA FORMA DE VIDA, PORQUE HAY TANTO Y TANTO DOLOR Y SUFRIMIENTO, PORQUE HAY TANTA HAMBRE, PARTICULARMENTE EN EL HEMISFERIO SUR, DE AFRICA, Y SUD AMERICA.

NO CREO, QUE A NADIE, LE GUSTE PASAR HAMBRE O SUFRIR O SENTIR EL DOLOR, DENTRO DE SU SER.

PERO BUENO, YO CREO QUE YA HE APORTADO MI GRANITO DE ARENA, PÀRA LA POSTERIDAD, Y PARA MIS AMIGOS, Y AMIGAS.

LOS SUEÑOS

LOS SUEÑOS ES UNA PARTE IMPORTANTE DE LA TRAMA DE ESTA HISTORIA, ES POR ESO QUE LE HE INCLUIDO.

SOÑAR ES ILUSIONARSE, ES ABANDONAR LOS PENSAMIENTOS, EN PRO DE ALGO QUE NOS PRIODUCE UNA SATISFACION.

SOÑAMOS TODOS LOS DIAS Y EN CADA MOMENTO DE NUESTRA VIDA, O SEA QUE SE PUEDE DECIR QUE PASAMOS LA VIDA SOÑANDO.

SOÑAMOS, CON HACER EL AMOR A UN MUJER, SOÑAMOS CON ALGO QUE DESEAMOS LLAMESE UN COCHE UNA CASA, Y DEMAS.

TAMBIEN SOÑAMOS, CUANDO ESTAMOS DORMIDOS, PERO ESO, EN UN CAPITULO MAS MISTERIOSO, Y DESCONOCIDO.

HA HABIDO GRANDES PERSONAJES A TRAVES DE LA HISTORIA, QUE SE HAN ATREVIDO A INTERPRETAR LOS SUEÑOS, YO LA VERDAD NO ME ATREVO A TANTO YA QUE CREO MAS EN LAS DIMENSIONES, QUE EN LOS SUEÑOS,

CUANDO ESTAMOS DORMIDOS.

PERO DE TODAS MANERAS HAY QUE COMENTAR QUE TODO ES VALIDO, QUIEN QUIERA CREER, EN LOS SUEÑOS LO PUEDE HACER, SIN MAS,

PERO DE TODAS MANERAS, NO CREEN UDS, QUE SI HUBIESE UNA POSIBILIDAD DE INTERPRETAR LOS SUEÑOS COMO NOS HICIERON CREER A LO LARGO DE LA HISTORIA, ALGUNOS PERSONAJES DEL MUNDO DE LA SIQUIATRIA, HUBIESE HABIDO MAYOR CLARIDAD EN SUS ESTUDIOS O INVESTIGACION.

POR ESO LE DIGO, QUE LA VIDA ES SUEÑO, ES ILUSION, ESTO QUIERE DECIR, QUE CUANDO DORMIMOS NOS CAMBIAMOS DE DIMENSION, ES DECIR DESPERTAMOS, YA QUE NOS CONVERTIMOS: EN ENERGIA, Y CUANDO DESPERTAMOS DORMIMOS, YA QUE NOS CONiVERTIMOS EN MATERIA.

BUENO ESA ES MI TEORIA, NO ME LA HA CONTADO NADIE, YO ASI, LA HE SENTIDO Y LA HE PERCIBIDO.

PERO COMO EL PENSAR ES, LIBRE Y NO SE PUEDE CENSURAR, LOS PENSAMIENTOS O EL LIBRE PENSAR, ESTO QUIERE DECIR, QUE CADA PERSONA ES MUY LIBRE DE PENSAR LO QUE QUIERA Y COMO QUIERA, SEGÚN SUN NATURALEZA Y CRITERIO Y PREPARACION.

PERO ES EVIDENTE QUE LA MAYORIA DE LOS SERES HUMANOS EXCEPTUANDO LAS PERSONAS ESPIRITUALES, NO CREEN EN ESAS COSAS, PUES DIGANME ESTONCES EN QUE CREEN, O MALGASTAN SUS PENSAMIENTOS.

PUES CREO QUE LA NATURALEZA ES MUY SABIA Y SABE PORQUE HACE LAS COSAS,

SIN EMBARGO HAY QUE DECIR, QUE HAY MUCHAS TEORIAS ACERCA DE LOS SUEÑOS DESPIERTOS O DORMIDOS, PERO EN REALIDAD SOLO SON SUEÑOS, O ENERGIA CONVERTIDA EN ENERGIA DE NUESTROS DESEOS,

PARA CONCLUIR ESTE CAPITULO TAN INTERESANTE, DIRE QUE YO LUIS ALCALDE, VASCO DE NACIMIENTO, SIEMPRE HE SIDO UN SOÑADOR, SIEMPRE HE SOÑADO EN COSAS QUE PODRIA HACER SENTIR MEJOR, COMO; SER ESCRITOR, Y ESCRIBIR PARA TODOS UDS, YA QUE A TRAVES DE LA COMUNICACIÓN VIENEN, LA IDEAS Y LOS PROYECTOS,

MARTA

SIGUIENDIO CON LA TRAMA DE LA HISTORIA; QUE DEBEMOS ESPERAR DE LA VIDA PUES NOS ENCONTRAMOS, CON UN NOMBRE QUE A MI, HA RREPRESENTADO MUCHO, REALMENTE MUCHO EN LA VIDA.

ES EL NOMBRE DE MARTA, MARTA SE LLAMABA MI QUERIDA MAMA, A LA QUE ADORE HASTA SU MUERTE SIENDO YO MUY JOVEN, PERO QUIERO PENSAR QUE LA VIDA SE LA LLEVO PORQUE NECESITABAN ALMAS COMO LA DE ELLA,

MAMA, DONDE QUIERA QUE TE NECUENTRES TE DEDICO ESTA HISTORIA A TI, Y YA SABES QUE TE QUIERO MUCHO Y NO TE OLVIDO.

LA VIDA DE MI MAMA FUE UN POCO TRISTE, YA QUE NO TUVO OPORTUNIDAD NI TIEMPO NI ESPACIO PARA REALIZARSE Y HACER COSAS, MEJORES, PERO ME TIENE A MI, QUE SOY SU CONTINUACION, Y YO, AQUÍ ESTOY, QUE ME HE CONVERTIDO EN UN ESCRITOR, Y YA LLEVO CINCO LIBROS.

YO RECUERDO A MI MAMA, COMO UNA SEÑORA ATRACTIVA, MUY AGRADABLE A PESAR DE SU SUFRIMIENTO, YO TENIA APENAS DIEZ AÑOS, CUANDO LA VIDA SE LA LLEVO,

A PARTIR DE ENTONCES YA NADA FUE IGUAL,

LA OTRA MARTA, A LA QUE HACIA MENCION, FUE UNO DE LOS GRANDES AMORES, DE MI VIDA.

ERA UNA CHICA DE DEUSTO, PARA QUIEN NO LO SABE, DEUSTO ES UN BARRIO DE BILBAO.

LA CONOCI EN ISLARES EN COMPAÑÍA DE SU AMIGA MARIA LUISA QUE ERA DE CASTILLA, CONCRETAMENTE DE GUADALAJARA, Y QUE ESTABA PASANDO UNOS DIAS DE VACACIONES CON SU AMIGA DE ESCUELA MARTA

COMO LES DECIA LAS CONOCIMOS EN ISLARES DONDE YO IBA A PASAR LAS VACACIONES DE VERANO, ISLARES REPRESENTO MUCHO PARA MI, YA QUE FUE, LA CLAVE DEL AMOR Y DEL ORGASMO, UN SALUDO PARA ISLARES., EN ISLARES TUVE LA OPORTUNIDAD DE CONOCER MUCHAS PERSONAS, Y CONOCI EL AMOR.

DESPUES DE ENCONTRARNOS Y CONOCERNOS ME OFRECI A LLEVARLAS A CASA, O SEA HASTA DEUSTO. Y TODO FUE MUY AGRADABLE, PERO ESE DIA NO PASO NADA DE NADA, SOLO CONVERSAR.

PERO QUEDAMOS OTRO DIA, Y NOS FUIMOS AL CINE, Y EN EL CINE NO PASO NADA, PERO CUANDO LA TRAJE A CASA EN EL COCHE NOS METIMOS TANTA MANO, QUE NO QUE QUEDO NINGUNA ASIGNATURA PENDIENTE.

LA VERDAD DISFRUTE MUCHO YA QUE ERA UNA MUCHACHA APENAS DE DIECIOCHO AÑOS, CON GRANDES ANSIAS DE AMOR Y CARIÑO Y SEXO.

Y ESO FUE LO QUE HICIMOS A PARTIR SE ENTONCES AMOR Y SEXO.

SALIAMOS CASI TODOS LOS DIAS Y NOS IBAMOS CON EL COCHE A SITIOS TRANQUILOS, Y HACIAMOS EL AMOR, Y ERA DELICIOSO, YA QUE ERA MUY ATRACTIVA, O SEA MUY GUAPA, Y MUY PREPARADA.

DESPUES DE ESTAR SALIENDO DURANTE TODO EL VERANO ES DECIR COMO CUATRO MESES, NOS FUIMOS UN BUEN DIA A BIARRITZ, EN LA COSTA NORTE, DE EUZKADI, POR CIERTO MUY BONITO, Y HAY EMPEZO NUESTRA CRISIS.

PUES EN LOS DIAS SIGUIENTES TOME LA DECISION DE DEJARLO, YA QUE DE ALGUNA FORMA SENTIA LA NECESIDAD DE DEJARLO, Y ELLA SE ENFADO MUCHO, , PERO ASI SE QUEDO TODO,

FUE UNA BUENA DECISION, FUE EL DESTINO, PUES LA VERDAD NUNCA LO SABREMOS, PERO DE TODAS MANERAS QUIERO MANDARTE UN BESO MUY GRANDE, DONDE QUIERA QUE ESTES, Y DECIRTE QUE HAS SIDO: UNO DE LOS GRANDES AMORES DE MI VIDA, Y QUE SIN SABERLO TE QUISE MUCHO. BESOS MARTA

www.ingramcontent.com/pod-product-compliance
Lightning Source LLC
Chambersburg PA
CBHW031254280526
45784CB00004B/1846